# 200 recettes pour l'apéro

# 200 recettes pour l'apéro

MARABOUT

Extraits de *Cuisiner pour moins de 5 euros, Jus & smoothies, Barbecue, Préparer et cuisiner à l'avance, Cocktails, 200 cupcakes colorés à croquer, Currys, 200 recettes équilibrées (pour manger de tout), Recettes familiales vite prêtes, 200 petits plats venus d'Italie, Poissons & crustacés, 200 tartes sucrées et salées* publiés pour la première fois par Octopus Publishing Group Ltd.



Traduits de l'anglais par : Catherine Vandevyvere, Constance de Mascureau, Florence Raffy, Anne-Claire Levaux, Valentine Morizot, Virginie Bordeaux, Christine Chareyre
Mise en pages : Les PAOistes
Relecture-correction : Véronique Dussidour



Édité par Hachette Livre,
43, quai de Grenelle, 75905 Paris Cedex 15
ISBN : 978-2-501-10187-5
41.8896.9/01
Dépôt légal : janvier 2015
Achevé d'imprimer en octobre 2014
sur les presses de Pollina, France - L70060

# sommaire

# cocktails

# sea breeze

Pour **2 verres**
Verres **2 verres highball**
Matériel **pailles**

**glaçons**
2 mesures de **vodka**
4 mesures de **jus de canneberge**
2 mesures de **jus de pamplemousse**
**quartiers de citron vert** pour décorer

**Remplissez** 2 verres highball de glaçons, ajoutez la vodka, le jus de canneberge et le jus de pamplemousse puis mélangez bien.

**Décorez** avec des quartiers de citron vert puis servez.

# bay breeze

**Remplacez** le jus de pamplemousse par du jus d'ananas, qui s'équilibre parfaitement avec la légère amertume du jus de canneberge.

# mojito

Pour **2 verres**
Verres **2 verres highball**
Matériel **pilon**

16 **feuilles de menthe** + quelques brins pour décorer
1 **citron vert** coupé en quartiers
4 c. à c. de **sucre de canne**
**glace pilée**
5 mesures de **rhum blanc**
**eau gazeuse** pour compléter

**Écrasez** les feuilles de menthe, le citron vert et le sucre dans le fond de 2 verres highball avec le pilon et remplissez-les de glace pilée.

**Ajoutez** le rhum, mélangez et complétez avec l'eau gazeuse. Décorez avec les brins de menthe puis servez.

# mojito au citron vert

**Écrasez** 2 citrons verts coupés en quartiers avec 4 cuillerées à café de sucre roux fin et 16 feuilles de menthe dans le fond de 2 verres highball et ajoutez 4 mesures de rhum Bacardi Limon (au lieu des 5 mesures de rhum blanc).

**Mélangez** et complétez avec de l'eau gazeuse, selon votre goût.

**Décorez** avec des rondelles de citron et de citron vert et dégustez avec une paille.

# Martini classique

Pour **2 verres**
Verres **2 verres à Martini** refroidis
Matériel **verre à mélange, passoire** et **piques à cocktail**

**glaçons**
1 mesure de **vermouth sec**
6 mesures de **gin**
**olives vertes farcies** pour décorer

**Mettez** 10 à 12 glaçons dans un verre à mélange.

**Versez** le vermouth et le gin sur les glaçons, mélangez énergiquement (ne pas frapper) et régulièrement, sans éclabousser. Versez en filtrant dans deux verres à Martini refroidis, décorez avec une olive verte et servez.

# smoky

Pour **1 verre**

**Mettez** quelques glaçons dans un verre à mélange, ajoutez ¼ de mesure de vermouth sec et mélangez jusqu'à ce que les glaçons soient bien enrobés.

**Ajoutez** 2 mesures de gin, 1 mesure de gin à la prunelle et 5 gouttes de bitter orange. Mélangez bien et versez dans un verre à cocktail refroidi, en filtrant.

**Décorez** avec un twist d'orange et servez.

# sangria

Pour **10 à 12 verres**
Verres **10 à 12 verres à vin**
Matériel **grand saladier**

**glaçons**
2 bouteilles de **vin rouge espagnol** léger, frais
5 mesures de **brandy**
quartiers d'**orange**, de **citron** et de **pomme**
**rondelles de citron**
**bâtons de cannelle**
environ 450 ml de **limonade fraîche** pour compléter

**Mettez** quelques glaçons dans un grand saladier. Ajoutez le vin, le brandy, les quartiers de fruits et un bâton de cannelle puis mélangez bien.

**Complétez** avec la limonade juste avant de servir et mélangez. Servez dans des verres décorés de rondelles de citron et de bâtons de cannelle.

# sangria blanche

Pour **6 personnes**

**Remplacez** le vin rouge par du vin blanc.

**Versez** 2 grands verres de vin blanc sec dans un saladier, ajoutez 2 mesures de vodka au citron, 2 mesures de schnaps à la pêche, 2 mesures de purée de pêches, 1 mesure de jus de citron et 1 mesure de jus de citron vert.

**Laissez** 12 heures ou toute une nuit au réfrigérateur. Avant de servir, ajoutez des glaçons, 1 mesure de jus de citron et 1 mesure de jus de citron vert fraîchement pressé et complétez avec de la limonade.

# planter's punch

Pour **2 verres**
Verres **2 verres highball**
Matériel **shaker** et **passoire à cocktail**

4 mesures de **rhum jamaïcain Myer's**
8 gouttes de **bitter Angostura**
1 mesure de **jus de citron vert**
4 mesures d'**eau fraîche**
2 mesures de **sirop de sucre**
**glaçons**

**Pour décorer**
**rondelles d'orange**
**rondelles de citron vert**

**Mettez** le rhum, le bitter Angostura, le jus de citron vert, l'eau et le sirop de sucre dans un shaker avec quelques glaçons.

**Frappez** et versez en filtrant dans 2 verres highball remplis de glace. Décorez avec des rondelles d'orange et de citron vert puis servez.

# tempo

**Mettez** 3 glaçons concassés dans chaque verre et versez 1 mesure de rhum blanc, 1 mesure de jus de citron vert et ½ mesure de crème de cacao.

**Ajoutez** un trait de bitter Angostura, mélangez et complétez avec de la limonade puis décorez avec des rondelles de citron vert.

# fizz citron vert

Pour **2 verres**
Verres **2 flûtes à champagne** refroidies
Matériel **shaker** et **passoire à cocktail**

2 quartiers de **citron vert**
2 mesures de **vodka au citron vert**
2 mesures de **jus d'orange**
**glaçons**
**champagne** frais pour compléter
**twists de citron vert** pour décorer

**Pressez** les quartiers de citron vert dans le shaker, ajoutez la vodka, le jus d'orange et quelques glaçons.

**Frappez** rapidement et filtrez deux fois, puis versez dans 2 flûtes à champagne refroidies. Complétez avec du champagne bien frais et décorez avec un twist de citron vert.

# grand mimosa

Pour **1 verre**

**Versez** 1 mesure de Grand Marnier et 1 mesure de jus d'orange frais dans une flûte à champagne, ajoutez un peu de glace et complétez avec du champagne bien frais.

# margarita

Pour **2 verres**
Verres **2 verres à margarita**
Matériel **shaker** et **passoire à cocktail**

2 quartiers de **citron vert**
**gros sel**
4 mesures de **tequila Herradura Reposado**
2 mesures de **jus de citron vert**
2 mesures de **triple sec**
**glaçons**
**rondelles de citron vert** pour décorer

**Humidifiez** le rebord de chaque verre avec un quartier de citron puis passez-les dans le sel pour les givrer.

**Versez** la tequila, le jus de citron vert et le triple sec dans un shaker avec quelques glaçons. Frappez et versez en filtrant dans les verres givrés. Décorez chaque verre avec une rondelle de citron vert et servez.

# grand margarita

**Remplacez** le triple sec par du Grand Marnier. Il apporte une note sucrée à la Margarita classique.

# jus pêche-gingembre

Pour **200 ml**

250 g de **pêches**
2,5 cm de **gingembre** frais
**glaçons**
**eau minérale gazeuse**
**feuilles de menthe** pour décorer

**Coupez** les pêches en deux puis dénoyautez-les. Pelez et hachez grossièrement le gingembre. Extrayez le jus des pêches et du gingembre à la centrifugeuse.

**Versez** le jus dans un grand verre sur quelques glaçons. Ajoutez un trait d'eau minérale gazeuse et quelques feuilles de menthe. Servez aussitôt.

# jus pétillant au pamplemousse

**Extrayez** le jus de 300 g de pamplemousse, de 350 g de concombre et de ½ citron.

**Allongez** avec de l'eau minérale gazeuse et décorez avec de la menthe ciselée.

# jus pamplemousse-orange-citron vert

Pour **200 ml**

½ **pamplemousse**
1 grosse **orange**
1 **citron vert**
quelques **glaçons**
ou de l'**eau minérale gazeuse**

**Pelez** les agrumes sans chercher à ôter la peau blanche collée aux segments. Si vous le souhaitez, gardez un peu de zeste pour décorer.

**Extrayez** le jus des fruits à la centrifugeuse. Versez le mélange sur des glaçons ou, si vous voulez un jus plus dilué, allongez-le avec de l'eau minérale gazeuse. Décorez éventuellement avec quelques spirales de zeste de citron vert.

# jus orange-carotte

**Pelez** et séparez les segments de 2 oranges. Extrayez-en le jus avec 125 g de carottes.

# cru et mariné

# sushis

Pour **4 à 6 personnes**
Préparation **30 minutes**
+ refroidissement
Cuisson **15 minutes**

225 g de **riz à sushis**
450 ml d'**eau**
4 **oignons nouveaux** émincés
4 c. à s. de **vinaigre de riz** assaisonné
1 c. à s. de **sucre en poudre**
25 g de **gingembre mariné** émincé
1 c. à s. de **graines de sésame** grillées
3 ou 4 **feuilles de nori**
100 g de **saumon sauvage** très frais, coupé en fines lanières
1 gros **filet de sole** sans la peau, désarêté et coupé en fines lanières
10 **crevettes cuites** décortiquées
**sauce soja claire** pour servir

**Mettez** le riz dans une casserole à fond épais avec l'eau. Portez doucement à ébullition, puis baissez le feu et laissez mijoter, à demi couvert, pendant 5 à 8 minutes, jusqu'à ce que toute l'eau soit absorbée. Couvrez entièrement et faites cuire très doucement pendant encore 5 minutes : le riz doit être très tendre et collant. Transvasez-le dans un récipient et laissez-le refroidir.

**Incorporez** les oignons nouveaux, le vinaigre de riz, le sucre, le gingembre et les graines de sésame dans le riz.

**À l'aide de ciseaux**, découpez les feuilles de nori en carrés de 6 cm de côté. Humectez vos doigts et façonnez des petites boulettes ovales avec le riz. Disposez-les en diagonale sur les carrés de nori.

**Rabattez** les coins opposés du nori sur le riz et disposez 1 morceau de poisson ou 1 crevette dessus. Dressez sur un plat de service et servez avec un petit bol de sauce soja pour y tremper les sushis.

## sauce au piment et à la coriandre

**Versez** 4 cuillerées à soupe de sauce soja claire dans un récipient. Ajoutez 1 cuillerée à soupe d'huile de sésame et un peu de wasabi en tube, puis mélangez bien. Ajoutez 1 piment rouge finement haché, 1 cuillerée à café de graines de sésame et 1 cuillerée à soupe de feuilles de coriandre ciselées puis mélangez bien. Servez avec les sushis.

# poulpe à l'ail

Pour **6 à 8 personnes**
Préparation **10 minutes**
+ refroidissement
et réfrigération
Cuisson **1 h 30**

2 litres d'**eau**
1 **oignon** coupé en quartiers
1 c. à c. de **clous de girofle** entiers
500 g de **poulpe** préparé, acheté au moins 2 jours avant d'être cuit et placé au congélateur pendant 48 heures pour attendrir la chair
6 c. à s. d'**huile d'olive vierge extra**
2 gousses d'**ail** écrasées
4 c. à s. de **persil** ciselé
1 c. à c. de **vinaigre de vin blanc**
**sel** et **poivre**

**Dans une grande casserole**, portez à ébullition l'eau avec l'oignon, les clous de girofle et 1 cuillerée à soupe de sel. Plongez complètement le poulpe dans l'eau, sortez-le, puis portez de nouveau à ébullition avant d'y replonger le poulpe. Répétez l'opération 4 fois (pour attendrir la chair). S'il y a plusieurs morceaux de poulpe, procédez morceau par morceau.

**Baissez le feu** et faites cuire le poulpe 1 heure, très doucement, puis vérifiez qu'il est bien tendre. Prolongez la cuisson de 15 à 30 minutes si nécessaire. Laissez refroidir dans le liquide puis égouttez. Détaillez en morceaux de la taille d'une bouchée et placez dans un récipient non métallique.

**Mélangez** l'huile d'olive avec l'ail, le persil, le vinaigre, du sel et du poivre, et versez la préparation dans le récipient avec le poulpe. Couvrez et laissez reposer au réfrigérateur plusieurs heures ou toute la nuit. Servez avec du pain.

## poulpe au chorizo

**Préparez** le poulpe comme ci-dessus. Saupoudrez 1 cuillerée à café de paprika doux sur 2 chorizos coupés en rondelles et faites cuire jusqu'à ce qu'ils soient croustillants. Égouttez sur du papier absorbant. Placez 2 cuillerées à soupe d'huile d'olive dans un récipient avec le jus de 1 citron et le chorizo. Salez et poivrez. Ajoutez les morceaux de poulpe et mélangez bien. Au moment de servir, incorporez 1 cuillerée à soupe de feuilles de coriandre ciselées et 1 cuillerée à soupe de persil ciselé. Servez avec du pain.

# makis saumon fumé et concombre

Pour **4 personnes**
Préparation **15 minutes**
+ refroidissement
Cuisson **15 minutes**

300 g de **riz à sushis**
2 c. à s. de **vinaigre de riz**
1 c. à s. de **sucre en poudre**
2 **feuilles de nori**
1 c. à c. de **wasabi** en tube
2 longs bâtonnets de **concombre**, de la longueur d'une feuille de nori et d'environ 1 cm d'épaisseur
100 g de **saumon fumé**
2 c. à s. de **gingembre mariné**
4 c. à s. de **sauce soja**

**Faites cuire** le riz à sushis. Mélangez le vinaigre et le sucre jusqu'à ce que le sucre soit dissous. Une fois que le riz est cuit et tant qu'il est encore chaud, incorporez assez de mélange vinaigre-sucre pour enrober les grains, mais pas trop car le riz ne doit pas être trop humide. Transvasez le riz sur une plaque pour qu'il refroidisse rapidement.

**Placez** 1 feuille de nori sur une natte en bambou, le côté le plus long parallèle à vous et la surface striée vers le haut. Avec les mains humides, étalez une fine couche de riz sur les trois quarts de la feuille de nori, en laissant une bande sans riz en haut.

**Étalez** une fine ligne de wasabi sur le riz avec vos doigts, sur le bord le plus proche de vous, puis placez un bâtonnet de concombre et un peu de saumon fumé dessus.

**Commencez** à rouler la feuille de nori avec la natte en bambou, en serrant bien pour que le concombre et le saumon restent en place. Une fois que vous avez roulé la feuille sur presque toute sa longueur, mouillez votre doigt et passez-le sur la surface sans riz du nori. Finissez de rouler, le bord humide permettra de coller le rouleau. Répétez l'opération avec l'autre feuille de nori. Enfin, à l'aide d'un couteau tranchant, coupez les rouleaux en 8 morceaux de taille égale.

**Mélangez** le reste du wasabi avec le gingembre mariné et la sauce soja, et servez en accompagnement.

# rouleaux aux écrevisses

Pour **4 personnes**
Préparation **25 minutes**

8 **galettes de riz**
16 longs brins de **ciboulette**
4 feuilles de **laitue iceberg** coupées en fines lanières
4 **oignons nouveaux** détaillés en fines allumettes
16 feuilles de **menthe** ciselées
16 **queues d'écrevisse cuites** décortiquées
3 c. à s. de **sauce hoisin**

**Faites tremper** les galettes de riz dans un récipient peu profond rempli d'eau chaude, environ 5 minutes, pour les attendrir. Sortez-les de l'eau et placez-les sur un torchon propre et sec. Coupez-les en deux.

**Faites blanchir** les brins de ciboulette à l'eau bouillante pendant 10 secondes, puis refroidissez-les en les passant sous l'eau froide.

**Disposez** un peu de laitue, d'oignon nouveau, de menthe et 1 queue d'écrevisse sur chaque moitié de galette de riz. Roulez pour envelopper la garniture, en rabattant les extrémités. Nouez un brin de ciboulette autour du centre de chaque rouleau pour sceller, puis disposez sur un plateau recouvert d'un torchon propre et humide pendant que vous préparez le reste des rouleaux. Servez les rouleaux aux écrevisses avec la sauce hoisin pour les tremper dedans.

# rouleaux de pâte filo aux crevettes

**Badigeonnez** 1 feuille de pâte filo avec un peu de beurre fondu. Placez le bord le plus court parallèlement à vous. Déposez 1 grosse crevette crue décortiquée et un petit tas de pousses de bambou sur le bord de la feuille, au centre. Roulez la feuille pour envelopper la garniture, en rabattant les extrémités. Répétez l'opération avec 15 autres feuilles de filo, 15 grosses crevettes et quelques pousses de bambou.

**Badigeonnez** les rouleaux de beurre fondu et faites-les cuire dans un four préchauffé à 180 °C pendant 10 à 15 minutes. Servez avec de la sauce hoisin.

# crudités et dip ail-anchois

Pour **4 à 6 personnes**
Préparation **10 minutes**
Cuisson **15 minutes**

50 ml de **lait**
6 gousses d'**ail** entières, pelées
150 g de **filets d'anchois à l'huile d'olive**, égouttés et hachés grossièrement
75 g de **beurre**
75 ml d'**huile d'olive vierge extra**

**Crudités**
8 **minicarottes** épluchées
250 g de **chou-fleur** en bouquets
4 branches de **céleri** coupées en deux
½ **chou rouge** taillé en fins quartiers
5 **minibulbes de fenouil** coupés en deux dans la longueur

**Faites chauffer** le lait, l'ail et les anchois 15 minutes à feu doux, sans faire bouillir, jusqu'à ce que les anchois aient fondu et que l'ail soit tendre.

**À l'aide d'une fourchette**, écrasez l'ail contre les parois de la casserole. Ajoutez le beurre et l'huile d'olive, et remuez jusqu'à ce que le beurre soit fondu. Versez la sauce dans un bol.

**Disposez** les crudités sur un plat de service, en laissant une petite place pour le bol de sauce. Servez sans attendre pendant que la sauce est encore chaude.

## mayonnaise à l'ail et aux câpres

**Mettez** 2 jaunes d'œufs et 1 gousse d'ail écrasée dans un robot. Pendant que le moteur tourne, versez 250 ml d'huile d'olive en filet régulier. Quand toute l'huile a été incorporée, ajoutez 1 ½ cuillerée à soupe de câpres en saumure rincées et hachées grossièrement. Salez et poivrez. Servez cette mayonnaise avec les crudités ci-dessus.

# salsa aux haricots et tortilla chips

Pour **4 personnes**
Préparation **10 minutes**
+ repos

800 g de **haricots mélangés** en boîte, égouttés et rincés
3 **tomates** coupées en petits morceaux
1 **poivron rouge** épépiné et coupé en petits dés
6 petits **oignons blancs** émincés
1 c. à c. de **piment rouge** haché finement
2 c. à s. d'**huile d'olive**
1 c. à s. de **vinaigre de vin blanc**
feuilles de **coriandre** pour décorer
**sel** et **poivre**

**Pour servir**
**tortilla chips**
**crème fraîche**

**Versez** les haricots, les tomates, le poivron rouge et les oignons blancs dans un robot puis mixez jusqu'à l'obtention d'un mélange relativement lisse.

**Fouettez** le piment, l'huile d'olive et le vinaigre dans un bol. Versez cette sauce sur les haricots et mélangez soigneusement. Salez et poivrez selon votre goût, et décorez de quelques brins de coriandre. Couvrez et laissez reposer à température ambiante 30 minutes environ pour que les saveurs se mélangent.

**Servez** la salsa avec des tortilla chips et de la crème fraîche.

## pilaf

**Pour préparer un pilaf** qui constituera une garniture ou une entrée copieuse, versez 375 g de riz basmati dans une casserole et couvrez avec 600 ml d'eau. Portez à ébullition puis baissez le feu, couvrez et laissez mijoter 12 minutes à couvert. Hors du feu, ajoutez la salsa aux haricots (voir ci-dessus) et incorporez 3 cuillerées à soupe de feuilles de coriandre ciselées. Remettez le couvercle et réchauffez 5 minutes à feu très doux. Servez bien chaud.

# brochettes de hareng et concombre

Pour **15 brochettes**
Préparation **15 minutes**
+ marinade

15 **filets de hareng marinés** en bocal, égouttés, ou 15 **rollmops**

**Concombre à l'aneth**
1 gros **concombre**
200 ml de **vinaigre de vin blanc**
2 c. à c. de **sucre en poudre**
3 c. à s. d'**aneth** ciselé
**sel** et **poivre**
**dip à la betterave et à la crème** pour servir (facultatif, voir ci-dessous)

**Détaillez** le concombre en longs et fins rubans à l'aide d'un épluche-légumes, puis mettez-les dans un récipient peu profond non métallique. Mélangez le vinaigre avec le sucre, incorporez l'aneth et versez sur les lamelles de concombre. Assaisonnez avec du sel et du poivre, couvrez et laissez mariner au réfrigérateur pendant 3 à 4 heures.

**Enfilez** 1 filet de hareng ou 1 rollmops sur 1 brochette en bambou ou en bois avec quelques rubans de concombre. Répétez l'opération avec le reste de hareng et de concombre pour obtenir 15 brochettes. Servez à température ambiante avec le dip à la betterave et à la crème aigre (voir ci-dessous), si vous le souhaitez.

# dip à la betterave et à la crème

**Râpez** finement 50 g de betterave cuite épluchée dans un robot de cuisine.

**Ajoutez** 100 ml de crème fraîche et 100 g de mayonnaise, et mixez jusqu'à l'obtention d'une sauce assez onctueuse et rose, puis réfrigérez jusqu'à emploi.

**Servez** avec les brochettes de hareng (ci-dessus).

# gravlax et sauce à l'aneth

Pour **4 à 6 personnes**
Préparation **10 minutes**
+ 2 à 3 jours de marinade
Finition **15 minutes**

1 grosse poignée d'**aneth**
1 c. à s. d'un **mélange de grains de poivre** concassés
2 c. à s. de **gros sel**
2 c. à s. de **sucre roux**
1 filet de **saumon** épais de 500 g, sans peau

**Sauce à l'aneth**
2 c. à s. de **moutarde de Dijon**
4 c. à c. de **sucre roux**
3 c. à s. d'**huile de tournesol**
1 ou 2 c. à c. de **vinaigre de cidre**
2 c. à s. d'**aneth** haché
**poivre**

**Ciselez** la moitié de l'aneth et placez-le sur une assiette. Mélangez l'aneth avec le poivre, le sel et le sucre. Recouvrez les deux faces du saumon de ce mélange et placez-le dans un sac en plastique solide avec le reste du mélange. Scellez le sac et mettez-le dans un plat creux. Couvrez d'une planche à découper et posez dessus des poids (paquets de farine ou de sucre, boîtes de conserve, etc.). Faites mariner au réfrigérateur 2 ou 3 jours en le retournant deux fois par jour.

**Le jour où vous allez le servir**, préparez la sauce à l'aneth en mélangeant la moutarde et le sucre dans un bol. Ajoutez peu à peu l'huile en fouettant sans cesse jusqu'à ce que la sauce épaississe. Ajoutez un peu de vinaigre. Incorporez l'aneth haché et poivrez.

**Au moment de servir**, retirez le saumon de la marinade, égouttez-le et placez-le sur une planche à découper. Parsemez le reste d'aneth. Coupez le saumon en fines tranches en inclinant le couteau à 45 °. Disposez le saumon sur des assiettes avec de la sauce et un peu de salade. Servez avec du pain complet.

# gravlax au miel, au fenouil et à l'aneth

**Ajoutez** 1 cuillerée à café de graines de fenouil écrasées grossièrement à la marinade, et remplacez le sucre par 2 cuillerées à soupe de miel épais.

**Servez** de la même façon avec une sauce à l'aneth et du pain complet.

# carpaccio de thon frais

Pour **4 personnes**
Préparation **10 minutes**
+ congélation

250 g de **filet de thon**
le **jus** de 3 **citrons**
150 ml d'**huile d'olive vierge extra**
1 gousse d'**ail** hachée finement
1 c. à s. de **câpres salées**, rincées
125 g de feuilles de **roquette**
**sel** et **poivre**
copeaux de **parmesan** pour servir

**Nettoyez** le filet de thon en enlevant tout morceau de peau ou tout cartilage. Emballez fermement le filet dans du film alimentaire et placez-le environ 1 heure au congélateur. Le poisson doit être ferme sans être dur comme de la pierre.

**Pendant ce temps**, fouettez le jus de citron, l'huile d'olive, l'ail et les câpres. Salez et poivrez. Fouettez jusqu'à l'obtention d'une émulsion.

**Sortez** le thon du congélateur et retirez le film alimentaire. Coupez-le en tranches très fines à l'aide d'un couteau bien aiguisé. Disposez les tranches sur 4 grandes assiettes. Arrosez avec la sauce au jus de citron. Décorez de feuilles de roquette et de copeaux de parmesan.

# carpaccio d'espadon

**Remplacez** le thon par un morceau d'espadon de 250 g bien frais. Placez-le au congélateur puis coupez-le en tranches très fines. Disposez les tranches sur les assiettes comme ci-dessus.

**Fouettez** ensemble le jus de citron, l'huile d'olive et l'ail. Remplacez les câpres par 2 cuillerées à soupe de persil plat ciselé. Versez cette sauce sur l'espadon puis parsemez de feuilles de roquette. Supprimez le parmesan.

# petites cuillères saumon-concombre

Pour **4 personnes**
Préparation **15 minutes**
+ marinade

250 g de **filet de saumon** sans la peau, désarêté et détaillé en petits dés
4 c. à s. de **jus de citron**
¼ de **concombre** épépiné et détaillé en petits dés
2 c. à s. de **câpres** égouttées finement hachées
1 c. à s. d'**estragon** ciselé
1 c. à s. de **mayonnaise**
**sel** et **poivre**
quelques brins d'**aneth** pour décorer (facultatif)

**Placez** le saumon dans un récipient non métallique. Versez le jus de citron dessus et mélangez bien pour en imprégner les dés de saumon. Couvrez et laissez mariner au réfrigérateur pendant 3 heures.

**Égouttez** bien pour ôter l'excédent de jus de citron. Mélangez le saumon avec le concombre, les câpres, l'estragon ciselé et la mayonnaise, assaisonnez de sel et de poivre et servez sur des cuillères en argent ou transparentes. Décorez de brins d'aneth si vous le souhaitez.

# saumon fumé au concombre mariné

**Détaillez** la chair d'un concombre en rubans avec un épluche-légumes, en laissant les pépins.

**Dans une petite casserole,** portez à ébullition 2 cuillerées à soupe de vinaigre de riz et 1 cuillerée à soupe de sucre en poudre. Retirez du feu et laissez refroidir, puis ajoutez les rubans de concombre et 1 cuillerée à soupe d'aneth ciselé.

**Servez** avec du saumon fumé.

# feuilletés, tartelettes & cie

# tourte pour pique-nique

Pour **6 à 8 personnes**
Préparation **35 minutes**
Cuisson **1 h 30**

175 g de **saindoux**
175 ml de **lait** et d'**eau mélangés**
2 c. à c. de **moutarde sucrée** (type Savora)
375 g de **farine**
½ c. à c. de **sel**

**Garniture**
500 g de **saucisses aux herbes** sans peau
500 g de **chair de cuisses de poulet** sans peau, hachée
125 g de **lard fumé** coupé en dés
5 **clous de girofle** écrasés
¼ de c. à c. de **quatre-épices**
1 petit bouquet de **sauge**
1 **pomme braeburn**, épépinée et coupée en tranches
1 **jaune d'œuf** battu avec 1 c. à s. d'**eau**
**sel** et **poivre**

**Préparez** la pâte. Faites fondre le saindoux dans le mélange de lait et d'eau dans une petite casserole puis incorporez la moutarde. Mélangez la farine et le sel dans un saladier. Ajoutez le saindoux fondu et mélangez. Laissez refroidir 10 minutes. Dans un autre saladier, mélangez la chair à saucisse, le poulet, le lard, les clous de girofle et le quatre-épices. Salez et poivrez.

**Réservez** un tiers de la pâte. Foncez le reste de la pâte dans un moule à charnière de 18 cm de diamètre. Ajoutez la moitié de la garniture et lissez la surface. Répartissez la moitié des feuilles de sauge, les tranches de pomme puis ajoutez le reste de la garniture. Lissez et ajoutez le reste des feuilles de sauge. Badigeonnez les bords de la pâte d'œuf battu.

**Étalez** la pâte restante et formez un disque un peu plus grand que le moule. Placez-le sur la garniture et pressez les bords ensemble. Retirez le surplus de pâte et pincez les bords. Faites une petite incision sur la tourte puis badigeonnez d'œuf battu. Faites cuire 1 h 30 dans un four préchauffé à 180 °C, en couvrant d'une feuille d'aluminium au bout de 40 minutes de cuisson. Laissez refroidir, ouvrez la charnière, laissez la tourte sur le fond du moule et placez-la au réfrigérateur 3 à 4 heures ou toute la nuit. Au moment de servir, retirez le fond du moule et coupez la tourte en tranches.

## tourte à l'abricot et aux oignons

**Préparez** la garniture comme ci-dessus mais en remplaçant la sauge et la pomme par 100 g d'abricots secs coupés en morceaux et 100 g d'oignons au vinaigre émincés.

# flûtes feuilletées aux anchois

Pour **4 personnes**
Préparation **10 minutes**
Cuisson **10 minutes**

2 rouleaux de **pâte feuilletée**
50 g de **filets d'anchois** en conserve égouttés et finement hachés
4 c. à s. de **parmesan** finement râpé
1 **œuf** légèrement battu
1 c. à s. de **graines de sésame noir**

**Étalez** 1 rouleau de pâte feuilletée. Répartissez les anchois dessus et saupoudrez de parmesan.

**Badigeonnez** d'œuf battu un côté de l'autre rouleau de pâte. Recouvrez les anchois et le parmesan avec le deuxième rouleau, côté œuf sur la garniture. Passez un rouleau à pâtisserie sur la pâte pour sceller les 2 rouleaux. Elle devrait avoir la même épaisseur que 1 seul rouleau de départ. Badigeonnez le dessus d'œuf battu et parsemez de graines de sésame noir.

**Découpez** le sandwich en bâtonnets de 10 x 1,5 cm et disposez-les sur une plaque de four antiadhésive, en les espaçant pour qu'ils aient la place de gonfler. Faites cuire dans un four préchauffé à 200 °C pendant 10 minutes. Sortez-les du four et laissez refroidir sur une grille.

# flûtes de filo aux anchois et olives

**Badigeonnez** 1 feuille de pâte filo de beurre fondu. Recouvrez-la d'une autre feuille de pâte filo et badigeonnez de beurre fondu.

**Mélangez** 50 g de filets d'anchois en conserve égouttés et 50 g d'olives noires dénoyautées et hachées. Étalez un peu de cette préparation sur le bord de la pâte filo, puis commencez à la rouler en forme de bâtonnet. Répétez l'opération.

**Coupez** chaque bâtonnet en deux et badigeonnez l'extérieur de beurre fondu.

**Faites cuire** dans un four préchauffé à 190 °C pendant 8 à 10 minutes.

# feuilletés homard-estragon

Pour **20 feuilletés**
Préparation **20 minutes**
Cuisson **12 à 15 minutes**

200 g de **pâte feuilletée**
**farine**
2 **œufs** légèrement battus
150 g de **chair de queue de homard cuite** détaillée en dés de 1 cm de côté
4 c. à s. de **mayonnaise**
1 c. à c. de **moutarde américaine**
1 c. à s. de **poivron rouge** évidé, épépiné et coupé en tout petits dés
2 c. à s. d'**estragon** ciselé
**sel** et **poivre**
brins d'**estragon** pour décorer

**Tapissez** une grande plaque de four de papier sulfurisé. Abaissez la pâte feuilletée à 5 mm d'épaisseur sur un plan de travail fariné. Découpez 40 disques de 6 cm de diamètre à l'aide d'un emporte-pièce. Disposez 20 disques sur la plaque de four, en les espaçant bien, et badigeonnez-les d'œuf battu. À l'aide d'un emporte-pièce de 3 cm de diamètre, découpez des disques au centre des 20 disques restants. Retirez ceux du centre pour obtenir 20 anneaux. Placez ces anneaux sur les disques de pâte badigeonnés d'œuf et appuyez pour sceller. Badigeonnez de nouveau d'œuf battu, puis faites cuire 12 à 15 minutes dans un four préchauffé à 200 °C. Sortez du four et mettez à refroidir sur une grille.

**Placez** la chair de homard dans un récipient et incorporez la mayonnaise, la moutarde, le poivron rouge et l'estragon. Salez et poivrez. Remplissez les feuilletés refroidis avec la préparation. Garnissez de brins d'estragon et servez.

## crevettes en robe de pâte feuilletée

**Abaissez** 200 g de pâte feuilletée à 2 ou à 3 mm d'épaisseur. Découpez des carrés de 5 cm de côté dans la pâte feuilletée et badigeonnez les bords d'un peu d'œuf battu. Ôtez la tête de 15 grosses crevettes crues puis décortiquez-les en laissant le bout de la queue. Enveloppez chaque crevette d'un carré de pâte, en laissant le bout de la queue visible. Badigeonnez d'œuf battu et parsemez de graines de sésame. Faites cuire 10 à 15 minutes dans un four préchauffé à 180 °C.

# petits feuilletés au curry

Pour **4 personnes**
Préparation **20 minutes**
Cuisson **20 minutes**

1 c. à s. d'**huile de tournesol** + un peu pour la friture
½ petit **oignon** émincé
3 gousses d'**ail** écrasées
1 c. à c. de **gingembre frais** râpé
1 **piment rouge** épépiné et finement haché
2 c. à s. de **curry fort** en poudre
75 g de **poulet haché**
100 g de **pommes de terre** écrasées
4 c. à s. de **coriandre fraîche** hachée
2 rouleaux de **pâte feuilletée**
1 **œuf** légèrement battu
**sel** et **poivre**

**Faites chauffer** l'huile de tournesol dans un wok et ajoutez l'oignon, l'ail, le gingembre et le piment. À feu moyen, faites revenir les ingrédients 2 à 3 minutes en remuant. Ajoutez le curry en poudre et le poulet haché puis poursuivez la cuisson à feu vif 4 à 5 minutes jusqu'à ce que la viande soit cuite à point.

**Transférez** la préparation dans un saladier. Ajoutez les pommes de terre écrasées et la coriandre puis mélangez bien. Salez et poivrez. Réservez.

**À l'aide d'un emporte-pièce** de 7,5 cm de diamètre, découpez 8 disques de pâte feuilletée. Déposez 1 grosse cuillerée du mélange au centre de chaque disque. À l'aide d'un pinceau, badigeonnez d'œuf les bords des disques, puis repliez chaque disque en deux afin de former un petit chausson. Collez les bords en appuyant dessus avec les dents d'une fourchette à plat.

**Remplissez** un wok à un tiers d'huile de tournesol et faites-la chauffer à 180-190 °C ou jusqu'à ce qu'un petit morceau de pain soit doré en 30 secondes. Faites frire les feuilletés 2 à 3 minutes en plusieurs fois. Égouttez-les sur du papier absorbant et servez-les immédiatement avec du ketchup si vous le souhaitez.

## feuilletés au jambon et à la courge

**Remplacez** le poulet par 75 g de jambon cuit et les pommes de terre par 100 g de courge musquée. Déposez les feuilletés sur une plaque de cuisson chemisée de papier sulfurisé et faites-les cuire au four préchauffé à 220 °C pendant 15 à 20 minutes jusqu'à ce qu'ils soient gonflés et dorés.

# feuilletés aux champignons et au bleu

Pour **8 personnes**
Préparation **30 minutes**
+ refroidissement
Cuisson **25 minutes**

25 g de **beurre**
1 c. à s. d'**huile d'olive**
1 **oignon** finement haché
250 g de **champignons** mélangés, émincés
2 gousses d'**ail** finement hachées
les feuilles de 3 brins de **thym**
500 g de **pâte feuilletée** prête à l'emploi, décongelée si surgelée
120 ml de **crème fraîche**
175 g de **bleu** émietté
**œuf battu** pour dorer
**fleur de sel**
**sel** et **poivre**

**Faites chauffer** le beurre et l'huile d'olive dans une poêle puis faites fondre l'oignon quelques minutes. Ajoutez les champignons et l'ail puis faites dorer, en remuant. Hors du feu, ajoutez le thym puis laissez refroidir.

**Étalez** finement la pâte au rouleau sur un plan de travail légèrement fariné. Coupez un carré de 35 cm de côté que vous découperez en 16 petits carrés. Répartissez la préparation aux champignons au centre de 8 carrés, ainsi que la crème fraîche et le bleu. Badigeonnez d'œuf battu le pourtour des carrés puis recouvrez avec les 8 carrés de pâte restants.

**Soudez** les bords en les pressant avec les doigts, éventuellement en festonnant la pâte. Posez les feuilletés sur une plaque de cuisson. Entaillez la surface avec un couteau, badigeonnez d'œuf battu, saupoudrez de fleur de sel et parsemez de feuilles de thym (facultatif). Faites cuire 20 minutes dans un four préchauffé à 200 °C. Servez chaud avec une salade verte.

# feuilletés aux champignons et aux tomates

**Ajoutez** 1 cuillerée à café de sauce Worcestershire à l'oignon et aux champignons sautés, ainsi que 1 cuillerée à café de moutarde forte, 1 cuillerée à café de concentré de tomates et 2 tomates concassées.

**Faites revenir** quelques minutes jusqu'à ce que les tomates soient fondantes puis laissez refroidir avant de garnir les carrés de pâte comme ci-dessus.

# tartelettes au saumon et à la courgette

Pour **4 personnes**
Préparation **30 minutes**
+ réfrigération
Cuisson **30 à 40 minutes**

1 **pâte brisée au beurre**
2 **darnes de saumon** de 150 g chacune
25 g de **beurre**
4 **oignons de printemps** émincés
1 petite **courgette** coupée en dés
2 **œufs**
150 ml de **lait**
2 c. à c. d'**estragon** ciselé
50 g de **gruyère** râpé
30 g (3 c. à s. rases) de **Fleur de Maïs Maïzena®**
**sel** et **poivre**

**Divisez** la pâte en quatre et abaissez chaque pâton. Découpez 4 disques et garnissez 4 moules de 12 cm de diamètre, à bords cannelés et à fonds amovibles. Découpez la pâte qui dépasse avec des ciseaux. Posez les moules sur une plaque de cuisson et placez 15 minutes au frais.

**Faites cuire** le saumon à la vapeur 8 à 10 minutes. Posez les darnes sur une assiette. Retirez la peau et émiettez la chair en retirant les arêtes.

**Faites chauffer** le beurre dans une petite poêle puis faites cuire les oignons et les dés de courgette 3 à 4 minutes. Battez les œufs en omelette avec le lait, l'estragon, la Fleur de Maïs Maïzena®, du sel et du poivre, puis ajoutez le fromage.

**Versez** la préparation à l'œuf sur la pâte puis répartissez le saumon ainsi que les oignons et les dés de courgette. Faites cuire 20 à 25 minutes dans un four préchauffé à 190 °C. Servez chaud ou froid.

## tartelettes aux crevettes et au crabe

**Faites fondre** 1 petit oignon dans 25 g de beurre. Ajoutez 2 tomates épépinées et coupées en dés, et faites cuire 2 minutes. Battez 2 œufs en omelette avec 75 ml de crème fraîche, 75 ml de lait, 50 g de gruyère râpé, du sel, du piment de Cayenne et 40 g de chair de crabe en conserve. Répartissez ce mélange sur la pâte puis ajoutez 150 g de crevettes cuites et décortiquées (décongelées si surgelées). Faites cuire comme ci-dessus.

# tartelettes tomate-mozzarella

Pour **6 personnes**
Préparation **20 minutes**
Cuisson **20 minutes**

250 g de **pâte feuilletée**
6 c. à s. de **concentré de tomates**
3 **tomates** allongées (type roma), épépinées et hachées
125 g de **mozzarella** coupée en gros dés
8 **olives noires** dénoyautées, hachées grossièrement
1 gousse d'**ail** hachée finement
2 c. à s. d'**origan** haché
1 c. à s. de **pignons de pin**
un filet d'**huile d'olive**
**sel** et **poivre**

**Tapissez** une grande plaque de cuisson de papier sulfurisé. Farinez légèrement le plan de travail. Abaissez la pâte feuilletée sur une épaisseur de 2,5 mm. À l'aide d'un emporte-pièce rond de 12 cm de diamètre, découpez 6 disques que vous disposerez sur la plaque de cuisson.

**Étalez** 1 cuillerée à soupe de concentré de tomates sur chaque disque de pâte. Dans un saladier, mélangez les tomates, la mozzarella, les olives, l'ail, l'origan et les pignons. Salez et poivrez généreusement. Répartissez cette préparation sur les disques de pâte.

**Versez** un filet d'huile d'olive sur les tartelettes et faites-les cuire 20 minutes dans un four préchauffé à 200 °C. Servez dès la sortie du four avec un mesclun.

## tartelettes aux anchois

**Suivez** la première étape de la recette puis étalez 1 cuillerée à soupe de pesto sur les disques de pâte à la place du concentré de tomates. Dans un saladier, mélangez les tomates, les olives et l'ail, comme ci-dessus, puis ajoutez 50 g de filets d'anchois à l'huile, égouttés et coupés en petits morceaux, 50 g de poivrons rouges grillés et marinés dans de l'huile d'olive, égouttés et coupés en dés, 2 cuillerées à soupe de basilic ciselé, du sel et du poivre. Répartissez cette préparation sur les disques de pâte, arrosez avec un filet d'huile d'olive et faites cuire comme indiqué ci-dessus.

# tartelettes chèvre-tomates

Pour **4 personnes**
Préparation **15 minutes**
Cuisson **10 à 12 minutes**

4 feuilles de **pâte filo** (de 25 cm de côté)
1 c. à s. d'**huile d'olive**
20 **tomates cerises** coupées en deux
200 g de **fromage de chèvre** ferme, coupé en dés de 1 cm
20 g de **pignons de pin**
2 c. à c. de **thym**
**sel** et **poivre**

**Huilez** légèrement 4 petits moules à tarte d'environ 10 cm de diamètre. Badigeonnez une feuille de pâte filo avec un peu d'huile d'olive. Coupez la feuille en quatre carrés égaux. Superposez les 4 carrés et utilisez-les pour garnir un des moules. Répétez l'opération avec les autres feuilles de pâte. S'il reste de l'huile, badigeonnez le carré du dessus à l'intérieur des moules.

**Disposez** 5 moitiés de tomates cerises dans le fond de chaque tartelette. Répartissez le fromage de chèvre sur les tomates. Finissez avec les pignons. Parsemez de thym. Salez et poivrez généreusement.

**Faites cuire** les tartelettes 10 à 12 minutes dans un four préchauffé à 200 °C jusqu'à ce que la pâte soit croustillante et dorée. Servez dès la sortie du four avec une salade verte.

# tartelettes feta-poivrons

**Abaissez** un pâton de pâte feuilletée (175 g) au rouleau sur un plan de travail légèrement fariné. Garnissez-en 4 petits moules.

**Coupez** en deux 1 poivron jaune et 1 poivron orange. Retirez les graines et taillez la pulpe en fines lanières que vous tournerez dans un peu d'huile d'olive. Coupez 200 g de feta en dés de 1 cm. Répartissez la moitié des lanières de poivron sur la pâte. Ajoutez le fromage et recouvrez de lanières de poivron. Parsemez de pignons, comme ci-dessus. Saupoudrez 2 cuillerées à soupe d'origan séché. Salez et poivrez généreusement. Enfournez et faites cuire 15 minutes environ à 200 °C.

# petites pissaladières

Pour **18 bouchées**
Préparation **25 minutes**
Cuisson **25 à 30 minutes**

2 c. à s. d'**huile d'olive** + un filet pour servir (facultatif)
250 g d'**oignons** émincés
1 gousse d'**ail** hachée finement
1 c. à c. de **sucre en poudre**
les feuilles de quelques brins de **thym**
250 g de **pâte feuilletée** prête à l'emploi
1 **œuf** battu
9 **filets d'anchois** en conserve, égouttés
9 petites **olives vertes farcies**
**sel** et **poivre**

**Faites chauffer** l'huile d'olive à feu doux dans une poêle. Faites-y fondre les oignons pendant 10 minutes jusqu'à ce qu'ils commencent à se colorer. Ajoutez l'ail et le sucre et faites dorer encore 5 minutes. Hors du feu, ajoutez la moitié du thym, salez et poivrez.

**Étalez** la pâte au rouleau sur un plan de travail fariné. Découpez un rectangle de 15 x 30 cm puis coupez des petits carrés de 5 cm de côté. Posez les carrés de pâte sur une plaque de cuisson huilée, en les espaçant légèrement.

**Badigeonnez** la pâte d'œuf battu puis répartissez la préparation aux oignons sur les carrés. Coupez chaque filet d'anchois en deux dans la longueur. Disposez les fines lanières d'anchois sur les oignons, en croix, et finissez par ½ olive.

**Faites cuire** 10 à 15 minutes dans un four préchauffé à 200 °C. Badigeonnez les olives d'un peu d'huile d'olive (facultatif) et décorez avec le reste du thym. Servez chaud ou froid, à l'apéritif.

# bouchées à la feta et aux poivrons rouges

**Garnissez** les carrés de pâte avec un mélange composé de 1 oignon émincé et revenu dans 1 cuillerée à soupe d'huile d'olive, de 1 gousse d'ail finement hachée, de 125 g de poivrons rouges marinés en conserve, égouttés et émincés, de 100 g de feta émiettée, de quelques feuilles de thym, de sel et de poivre. Faites cuire comme ci-dessus.

# tartelettes aux poireaux et au bleu

Pour **4 personnes**
Préparation **15 minutes**
Cuisson **25 minutes**

1 c. à c. d'**huile d'olive**
8 **jeunes poireaux** parés et émincés
50 g de **bleu** émietté
1 c. à c. de **thym** ciselé
2 **œufs** battus
4 c. à s. de **crème fraîche** allégée
12 carrés de **pâte filo** de 15 cm de côté
**lait** pour dorer

**Faites chauffer** l'huile d'olive dans une casserole. Faites-y fondre les poireaux 3 à 4 minutes.

**Ajoutez** la moitié du bleu et le thym aux poireaux. Dans un bol, mélangez le reste du bleu avec les œufs et la crème fraîche.

**Badigeonnez** les carrés de pâte filo avec du lait puis garnissez-en 4 moules à tartelette cannelés de 10 cm de diamètre. Répartissez la préparation aux poireaux dans les moules, puis versez le mélange aux œufs.

**Posez** les moules sur une plaque de cuisson et faites cuire 15 à 20 minutes dans un four préchauffé à 200 °C. Servez bien chaud.

# tartelettes oignons et gruyère

**Remplacez** le bleu par la même quantité de gruyère râpé grossièrement, et les poireaux par 2 bottes de gros oignons de printemps que vous ferez revenir 1 minute.

**Poursuivez** la recette comme ci-dessus.

# petites tourtes au poulet et au chorizo

Pour **6 personnes**
Préparation **40 minutes**
+ refroidissement
Cuisson **45 minutes**

300 g de **chair à saucisse** de qualité
250 g de **filets de poulet** coupés en dés
125 g de **chorizo** coupé en dés
50 g de **tomates séchées** à l'huile d'olive, égouttées et hachées
6 **oignons de printemps** hachés
2 c. à s. de **romarin** ciselé
**lait** pour dorer
**sel** et **piment de Cayenne**
**gros sel** et **paprika** pour décorer (facultatif)

**Pâte brisée**
175 g de **saindoux**
175 ml de mélange moitié **lait**, moitié **eau**
375 g de **farine**
¼ de c. à c. de **sel**
¼ de c. à c. de **piment de Cayenne**

**Préparez** la pâte brisée : faites fondre le saindoux avec le lait (ou le mélange lait-eau) à feu doux. Portez à ébullition puis versez le mélange dans le saladier contenant la farine, le piment et le sel. Remuez jusqu'à l'obtention d'une boule souple et lisse. Recouvrez avec un torchon propre et laissez refroidir 10 à 20 minutes.

**Mélangez** la chair à saucisse, le poulet et le chorizo. Ajoutez les tomates séchées, les oignons et le romarin. Assaisonnez avec du sel et du piment de Cayenne.

**Réservez** ⅓ de la pâte puis divisez les ⅔ restants en six. Utilisez les 6 portions pour garnir 6 moules à bord amovible de 10 cm de diamètre et de 4,5 cm de haut. Répartissez la farce dans les moules. Partagez le reste de la pâte en six et faites 6 disques de la taille des moules. Posez-les sur la farce et pressez le pourtour. Festonnez les bords. Faites 4 petites cheminées au centre, badigeonnez la pâte du mélange lait-eau et saupoudrez de gros sel et de paprika.

**Faites cuire** 45 minutes dans un four préchauffé à 180 °C. Au bout de 30 minutes, couvrez de papier d'aluminium. Laissez refroidir 30 minutes. Démoulez.

## petites tourtes au poulet et au chutney

**Remplacez** le chorizo et les tomates séchées par 125 g de lardons. Pressez la moitié de la farce dans les moules, poursuivez avec une couche de chutney (3 cuillerées à soupe en tout) et finissez avec le reste de la farce. Faites les couvercles de pâte et faites cuire comme ci-dessus.

# petites tourtes savoyardes

Pour **4 personnes**
Préparation **30 minutes**
Cuisson **35 à 45 minutes**

500 g de **pommes de terre nouvelles** brossées et émincées
25 g de **beurre**
3 **échalotes** émincées + 1 grosse taillée en 4 tranches épaisses
3 gousses d'**ail** finement hachées
250 ml de **crème fraîche**
1 **jaune d'œuf**
2 c. à s. de **ciboulette** ciselée
2 c. à c. de **thym** ciselé + quelques brins pour décorer
¼ de c. à c. de **noix de muscade** râpée
500 g de **pâte feuilletée** prête à l'emploi
100 g d'**emmental** râpé
**œuf battu** pour dorer
**sel** et **poivre**

**Plongez** les tranches de pommes de terre dans une grande casserole d'eau bouillante salée. À la reprise de l'ébullition, faites cuire 3 à 4 minutes. Égouttez.

**Faites chauffer** le beurre dans une poêle puis faites fondre les échalotes et l'ail, 4 à 5 minutes. Dans un bol, mélangez la crème, le jaune d'œuf, la ciboulette, le thym, la noix de muscade, du sel et du poivre.

**Divisez** la pâte en quatre puis abaissez chaque pâton au rouleau sur un plan de travail fariné pour obtenir 4 disques de 20 cm de diamètre. Garnissez-en 4 petits moules à bord amovible de 10 cm de diamètre, en laissant déborder la pâte.

**Répartissez** la moitié des pommes de terre dans les moules, puis les échalotes et le fromage et, enfin, le reste des pommes de terre. Arrosez avec le mélange à la crème. Repliez la pâte sur la farce et soudez-la avec de l'œuf battu.

**Badigeonnez** le dessus avec de l'œuf battu, enfoncez 1 tranche d'échalote au milieu et parsemez de feuilles de thym. Salez et poivrez. Faites cuire 30 à 35 minutes dans un four préchauffé à 200 °C.

**Laissez reposer** 5 minutes, puis démoulez et servez chaud avec une salade de roquette aux lardons.

# tartelettes aux oignons

Pour **12 tartelettes**
Préparation **30 minutes**
+ réfrigération
Cuisson **30 à 35 minutes**

1 **pâte brisée au beurre**
50 g de **beurre**
2 **oignons** émincés
4 **œufs**
200 ml de **lait**
2 c. à c. de **moutarde de Dijon**
125 g de **gruyère** râpé
30 g (3 c. à s. rases) de **Fleur de Maïs Maïzena®**
**sel** et **poivre**

**Étalez** finement la pâte au rouleau sur un plan de travail légèrement fariné. Découpez 12 disques avec un emporte-pièce de 10 cm de diamètre. Garnissez-en les 12 alvéoles beurrés d'un moule à muffins. Placez 15 minutes au réfrigérateur.

**Faites chauffer** le beurre dans une poêle puis faites fondre les oignons 10 minutes à feu doux, en remuant de temps en temps, jusqu'à ce qu'ils commencent à se colorer.

**Mettez** les œufs, le lait, la Fleur de Maïs Maïzena® et la moutarde dans un récipient et mélangez avec une fourchette. Ajoutez le fromage râpé, du sel et du poivre, et remuez. Versez ce mélange dans les alvéoles puis répartissez-y les oignons.

**Faites cuire** 20 à 25 minutes dans un four préchauffé à 190 °C. Laissez refroidir 10 minutes avant de démouler à l'aide d'un couteau. Servez chaud ou froid avec une salade verte.

# tartelettes aux oignons et au chorizo

**Faites chauffer** 25 g de beurre dans une poêle puis faites-y revenir 1 oignon émincé et 100 g de chorizo coupé en dés jusqu'à ce que l'oignon se colore.

**Battez** 4 œufs en omelette avec 200 ml de lait, 125 g de gruyère râpé, quelques feuilles de thym frais, du sel et du poivre. Versez cette préparation sur la pâte, puis répartissez le mélange au chorizo. Faites cuire comme ci-dessus.

# cigares à la feta et aux oignons

Pour **18 cigares**
Préparation **25 minutes**
Cuisson **10 à 12 minutes**

200 g de **feta** égouttée et râpée grossièrement
3 **oignons blancs** très finement hachés
3 c. à s. de **yaourt à la grecque**
1 **œuf** battu
3 feuilles de **pâte filo** de 48 x 23 cm
50 g de **beurre** fondu
3 c. à s. de **graines de sésame** pour décorer (facultatif)
**poivre**

**Fouettez** ensemble la feta, les oignons, le yaourt et l'œuf. Poivrez légèrement. Versez cette préparation dans une poche munie d'une grosse douille unie.

**Dépliez** la pâte filo et posez une feuille sur le plan de travail, le côté long face à vous. Badigeonnez de beurre fondu puis découpez la feuille en 3 bandes de 16 x 23 cm. Coupez chaque morceau encore en deux pour obtenir 6 rectangles d'environ 16 x 11 cm.

**Avec la poche**, déposez une ligne de garniture parallèle au côté long, à environ 2,5 cm du bord, sans aller jusqu'aux extrémités. Repliez la pâte sur la garniture, aux deux extrémités, puis enroulez la pâte autour de la farce. Préparez les autres rouleaux.

**Posez** les rouleaux sur une plaque de cuisson non graissée et badigeonnez-les avec le reste du beurre fondu. Parsemez de graines de sésame. Faites cuire 10 à 12 minutes dans un four préchauffé à 190 °C.

**Laissez refroidir** légèrement, puis servez en apéritif avec un vin frais, ou avec une salade, en entrée.

# cigares au pesto

**Badigeonnez** les feuilles de pâte filo de beurre fondu puis recouvrez-les d'une très fine couche de pesto rosso (3 cuillerées à soupe en tout).

**Posez** la garniture à la feta sur les feuilles et poursuivez comme ci-dessus.

# petites bouchées au guacamole

Pour **16 bouchées**
Préparation **30 minutes**
Cuisson **4 à 5 minutes**

1 feuille de **pâte filo** de 48 x 23 cm, décongelée si surgelée
25 g de **beurre** fondu
1 **avocat** mûr
le **jus** de 1 **citron vert**
½ **piment rouge** doux, épépiné et haché finement + un peu pour décorer
1 petit **oignon blanc** haché finement
2 c. à s. de **coriandre** ciselée + un peu pour décorer
**sel** et **poivre**

**Dépliez** la feuille de pâte filo et badigeonnez-la de beurre fondu. Coupez-la en 32 petits carrés d'environ 5 cm de côté. Garnissez 16 alvéoles d'un moule à minimuffins de 24 alvéoles avec 2 couches de carrés de pâte, en décalant les couches de manière à obtenir un effet de pétales.

**Faites dorer** 4 à 5 minutes dans un four préchauffé à 190 °C. Démoulez les petites coupelles et laissez-les refroidir sur une grille.

**Coupez** l'avocat en deux, pelez-le et ôtez le noyau. Écrasez la chair avec le jus de citron ou réduisez-la en purée dans un robot. Ajoutez le piment, l'oignon et la coriandre. Salez et poivrez, puis mélangez.

**Garnissez** les coupelles de guacamole et décorez avec un peu de piment et de coriandre. Servez dans l'heure avant que la chair des avocats ne s'oxyde.

# petites bouchées au tarama

**Préparez** les coupelles comme ci-dessus puis garnissez-les de 200 g de tarama bien froid.

**Décorez** avec quelques olives noires hachées et un peu de persil ciselé.

# bourekia aux épinards

Pour **36 chaussons**
Préparation **30 minutes**
Cuisson **15 minutes**

400 g d'**épinards** surgelés, décongelés
250 g de **fromage frais**
2 gousses d'**ail** finement hachées
1 **œuf** battu
un peu de **noix de muscade** râpée
6 feuilles de **pâte filo** de 48 x 23 cm
100 g de **beurre** fondu
**sel** et **poivre**

**Dans une passoire**, pressez les épinards avec le dos d'une cuillère pour en extraire l'eau. Dans un saladier, mélangez le fromage frais, l'ail et l'œuf. Ajoutez les épinards, la noix de muscade, du sel et du poivre.

**Dépliez** une feuille de pâte filo sur le plan de travail, le long côté face à vous. Badigeonnez la feuille devant vous de beurre fondu puis taillez-la en 6 bandelettes de 8 x 23 cm. Posez 1 cuillerée à café de farce dans le coin inférieur droit de chaque bandelette. Prenez l'angle inférieur droit de chaque bandelette entre les doigts et remontez-le en suivant une diagonale de manière à enfermer la farce dans un triangle de pâte. Continuez à replier la pâte sur elle-même jusqu'à obtenir un petit chausson triangulaire.

**Faites** les chaussons avec les 5 bandelettes restantes puis prenez une nouvelle feuille de pâte. Poursuivez jusqu'à épuisement de la farce. Posez les chaussons sur une plaque de cuisson et badigeonnez-les du reste du beurre. Faites cuire 15 minutes dans un four préchauffé à 180 °C. Servez tiède ou froid.

## bourekia à l'aubergine

**Faites revenir** 1 oignon haché et 1 aubergine coupée en dés dans 2 cuillerées à soupe d'huile d'olive. Ajoutez 2 gousses d'ail finement hachées, 400 g de tomates concassées, 1 cuillerée à café de sucre, ¼ de cuillerée à café de poivre de la Jamaïque, du sel et du poivre. Couvrez et laissez mijoter 15 à 20 minutes. Laissez refroidir puis réalisez les chaussons comme ci-dessus.

# bouchées à la saucisse

Pour **15 bouchées**
Préparation **15 minutes**
+ réfrigération
Cuisson **15 minutes**

400 g de **chair à saucisse**
200 g de **farine ordinaire** + un peu pour le plan de travail
50 g de **farine complète**
1 pincée de **sel**
150 g de **beurre** froid coupé en dés
3 c. à s. d'**eau glacée**
1 c. à s. de **graines de pavot**
1 **œuf** battu

**Façonnez** 3 saucisses avec la chair à saucisse.

**Tamisez** les farines avec le sel au-dessus d'un saladier. Incorporez le beurre du bout des doigts. Versez de l'eau glacée pour former une pâte lisse, puis incorporez les graines de pavot. Pétrissez la pâte brièvement sur un plan de travail fariné.

**Étalez** la pâte en forme de rectangle de 30 x 25 cm sur le plan de travail fariné. Découpez-le en 3 bandes de 10 x 25 cm. Posez 1 saucisse au milieu de chaque bande de pâte. Badigeonnez un côté des bandes d'œuf battu. Rabattez la pâte sur les saucisses et appuyez pour souder les bords, en les incisant. Coupez chaque rouleau en 5 bouchées de 5 cm de long, puis posez-les sur une plaque de cuisson.

**Entaillez** la surface des bouchées et badigeonnez-la du reste de l'œuf battu. Laissez reposer les bouchées 15 minutes au réfrigérateur, puis faites-les cuire 15 minutes dans le four préchauffé à 200 °C. Laissez-les refroidir sur la plaque hors du four.

## bouchées à la saucisse et aux légumes rôtis

**Évidez**, épépinez et hachez 1 petit poivron rouge et 1 petit poivron jaune. Hachez 1 courgette moyenne. Arrosez les légumes avec 1 cuillerée à soupe d'huile d'olive et faites-les cuire 30 minutes dans le four préchauffé à 200 °C. Laissez-les refroidir puis mélangez-les avec 300 g de chair à saucisse. Étalez la pâte et confectionnez 15 bouchées avec la farce. Faites cuire comme ci-dessus.

# grissinis au prosciutto

Pour **20 à 25 grissinis**
Préparation **15 minutes**
Cuisson **5 à 8 minutes**

**Pâte à pizza**
3,5 g de **levure fraîche** ou ½ c. à c. de **levure déshydratée instantanée**
½ pincée de **sucre en poudre**
250 g de **farine ordinaire** + un peu pour le plan de travail
175 ml d'**eau tiède**
1 c. à c. de **sel**

**farine ordinaire** pour le plan de travail
quelques tranches de **prosciutto** coupées en bandelettes, pour servir

**Pour agrémenter**
**gros sel de mer**
**graines de sésame**
**graines de pavot**
**poivre noir concassé**

**Diluez** la levure, le sucre et 1 cuillerée à soupe de farine dans 25 ml d'eau tiède. Laissez reposer 5 minutes, puis ajoutez le reste d'eau. Ajoutez le sel et la moitié de la farine restante. Remuez jusqu'à obtention d'un mélange pâteux. Incorporez le reste de farine. Façonnez une boule, recouvrez-la d'un torchon humide et laissez reposer 5 minutes. Pétrissez la pâte 10 minutes pour qu'elle soit lisse et élastique. Façonnez 2 pâtons, posez-les sur une plaque huilée. Recouvrez d'un torchon humide et laissez lever 1 heure.

**Pétrissez** les 2 pâtons. Abaissez la pâte au rouleau jusqu'à obtention d'un rectangle. Découpez-le en bandelettes de 5 mm de large. Enroulez légèrement chaque bandelette et fuselez les extrémités.

**Badigeonnez** les grissinis avec un peu d'eau puis parsemez-les de gros sel, de sésame, de pavot ou de poivre. Posez les grissinis sur une plaque et faites-les cuire 5 à 8 minutes dans un four préchauffé à 200 °C jusqu'à ce qu'ils soient dorés. Laissez refroidir.

**Avant de servir**, tournez les bandelettes de prosciutto autour des grissinis.

## asperges au prosciutto

**Coupez** 6 tranches de prosciutto en deux. Enroulez 12 asperges dans le jambon puis posez-les sur une plaque. Arrosez avec 1 cuillerée à soupe d'huile d'olive et saupoudrez 1 cuillerée à soupe de parmesan râpé. Faites cuire sous un gril bien chaud, 5 à 6 minutes, jusqu'à ce que les asperges soient fondantes et le jambon croustillant.

# samosas aux légumes

Pour **12 samosas**
Préparation **20 minutes**
Cuisson **15 à 20 minutes**

3 grosses **pommes de terre**, cuites à l'eau puis grossièrement écrasées
100 g de **petits pois** cuits
1 c. à c. de **graines de cumin**
1 c. à c. d'**amchoor** (mangue en poudre)
2 **piments verts** frais, épépinés et coupés en petits morceaux
1 petit **oignon rouge** émincé
3 c. à s. de **coriandre fraîche** hachée
1 c. à s. de feuilles de **menthe** hachées
4 c. à s. de **jus de citron**
12 feuilles de **pâte filo** d'environ 30 x 18 cm chacune
**beurre** fondu
**sel** et **poivre**

**Mélangez** les pommes de terre, les petits pois, le cumin, l'amchoor, les piments, l'oignon, la coriandre, la menthe et le jus de citron dans un saladier. Salez, poivrez et vérifiez l'assaisonnement. Réservez.

**Pliez** chaque feuille de pâte filo en deux dans le sens de la longueur. Placez le rectangle obtenu face à vous, le côté le moins long perpendiculaire à vous. Mettez 1 grosse cuillerée du mélange de légumes sur un coin inférieur de chaque feuille, repliez le coin supérieur correspondant sur le mélange afin de former un triangle, repliez ensuite le coin du triangle obtenu vers le haut, et, enfin, repliez la bande de pâte qui dépasse pour confectionner un samosa triangulaire.

**Placez** les samosas sur une plaque graissée, enduisez-les de beurre fondu et mettez-les au four préchauffé à 200 °C 15 à 20 minutes. Vous pouvez aussi préparer les samosas à l'avance et les congeler. Ils peuvent être cuits dès la sortie du congélateur.

**Servez** les samosas avec un chutney de mangue.

## samosas au bœuf ou à l'agneau

**Faites revenir** 200 g de viande hachée de votre choix dans 1 cuillerée à soupe d'huile pendant 5 à 6 minutes. Ajoutez 2 cuillerées à soupe de curry doux en poudre, 50 g de petits pois frais ou surgelés et 1 tomate coupée en petits morceaux. Salez et poivrez bien, puis faites revenir les ingrédients 5 à 6 minutes de plus. Laissez refroidir avant de garnir la pâte filo puis suivez la recette.

# toasts & dips

# tortillas au houmous

Pour **4 personnes**
Préparation **5 minutes**
Cuisson **10 à 12 minutes**

4 petites **tortillas de maïs**
1 c. à s. d'**huile d'olive**

**Houmous**
400 g de **pois chiches** en boîte, égouttés et rincés
1 gousse d'**ail** hachée
4 à 6 c. à s. de **yaourt nature**
2 c. à s. de **jus de citron**
1 c. à s. de **feuilles de coriandre** hachées
**paprika** pour saupoudrer
**sel** et **poivre**

**Pour servir**
quartiers de **citron**
**olives**

**Coupez** les tortillas en 8 triangles chacune. Posez-les sur une plaque de cuisson et badigeonnez-les d'huile d'olive. Faites-les dorer 10 à 12 minutes dans le four préchauffé à 200 °C. Sortez-les du four.

**Pendant ce temps**, mélangez les pois chiches avec l'ail, le yaourt et le jus de citron dans un saladier, en écrasant les pois chiches pour obtenir une préparation homogène. Salez et poivrez, ajoutez la coriandre et saupoudrez de paprika. Servez la préparation avec les tortillas chaudes, des quartiers de citron et des olives.

## tortillas épicées

**Préparez** 4 tortillas comme ci-dessus, en les badigeonnant d'huile d'olive. Avant de les enfourner, saupoudrez-les d'un mélange d'épices cajun. Préparez le houmous comme suit : mixez 400 g de pois chiches en boîte avec 1 gousse d'ail, 4 à 6 cuillerées à soupe de yaourt nature, 2 cuillerées à soupe de jus de citron, des feuilles de coriandre, 3 tomates séchées, 1 cuillerée à café de piment rouge haché et 2 cuillerées à soupe de tahini. Allongez si besoin la préparation avec 2 ou 3 cuillerées à soupe d'eau, en continuant à mixer. Salez et poivrez avant de servir avec les tortillas chaudes.

# beurre aux crevettes et pitas

Pour **4 personnes**
Préparation **10 minutes** + réfrigération
Cuisson **15 minutes**

1 c. à s. d'**huile d'olive**
1 petit **oignon rouge** finement haché
1 **piment vert** épépiné et finement haché
200 g de **beurre**
200 g de **crevettes grises cuites** décortiquées
le **zeste** râpé de 1 **citron vert** + environ 1 c. à c. du **jus**
**sel** et **poivre**

**Pitas aux herbes**
50 g de **beurre** ramolli
1 gousse d'**ail** écrasée
1 c. à s. de **coriandre** ciselée
1 c. à s. de **persil** ciselé
4 **pitas**
**sel** et **poivre**

**Faites chauffer** l'huile d'olive dans une poêle à feu moyen et faites revenir l'oignon et le piment. Retirez du feu, ajoutez le beurre et laissez-le fondre. Ajoutez enfin les crevettes et le zeste de citron vert. Assaisonnez avec du jus de citron vert selon votre goût, un peu de sel et de poivre.

**Transvasez** la préparation dans 4 petits ramequins, ou un grand. Couvrez et placez au réfrigérateur au moins 2 heures afin de faire durcir le beurre. (Vous pouvez tout à fait le préparer la veille.) Sortez-le du réfrigérateur 20 minutes avant de le servir.

**Mettez** le beurre ramolli dans un petit récipient. Incorporez l'ail, la coriandre et le persil, assaisonnez à votre goût de sel et de poivre. Faites une incision dans chaque pita pour ouvrir la poche et étalez 1 cuillerée à café de beurre aux herbes dessus.

**Enveloppez** les pitas de papier d'aluminium et enfournez à 180 °C 8 à 10 minutes, ou jusqu'à ce qu'elles soient chaudes et que le beurre soit fondu. Servez avec le beurre aux crevettes.

## « potted shrimps »

**Faites fondre** 200 g de beurre dans une casserole. Retirez du feu et incorporez 1 pincée de macis moulu, 1 pincée de noix de muscade moulue et 1 pincée de paprika moulu. Ajoutez 200 g de crevettes grises cuites décortiquées, assaisonnez de sel et de poivre. Répartissez dans des ramequins puis placez au réfrigérateur. Servez avec du pain au levain grillé.

# rillettes de crevettes et de crabe

Pour **4 personnes**
Préparation **20 minutes**
+ refroidissement
Cuisson **10 minutes**
Finition **5 minutes**

200 g de **beurre** coupé en morceaux
le **zeste** finement râpé et le **jus** de 1 **citron vert**
3 c. à s. de **coriandre** hachée
1 pincée de **piment de Cayenne**
200 g de **crevettes cuites**, décortiquées et grossièrement hachées
175 g de **chair de crabe**
½ **baguette de campagne** coupée en tranches
2 **endives**
quelques **radis roses**
**sel**

**Commencez** par clarifier le beurre. Faites chauffer de l'eau dans une petite casserole, ajoutez le beurre et faites-le fondre. Laissez refroidir puis placez-le au congélateur jusqu'à ce qu'il forme une couche au-dessus de l'eau. Retirez le disque de beurre solidifié et jetez l'eau. Retirez toute trace d'eau sous le beurre avec du papier absorbant.

**Faites fondre** la moitié du beurre clarifié dans une casserole. Ajoutez le zeste de citron vert, la coriandre, le piment de Cayenne et un peu de sel. Incorporez les crevettes, la chair du crabe et le jus de citron vert. Faites chauffer. Versez le mélange dans 4 petits ramequins et appuyez bien pour chasser l'air. Laissez refroidir 15 minutes.

**Faites fondre** le reste du beurre dans une casserole et versez-le dans les ramequins. Placez au réfrigérateur 3 à 4 heures pour faire figer le beurre. Saupoudrez d'un peu de piment de Cayenne.

**Au moment de servir**, faites griller le pain et placez-le sur des assiettes avec les petits ramequins de rillettes de crabe et de crevettes. Servez avec des feuilles d'endive et des radis roses.

## rillettes de crevettes à la ciboulette

**Remplacez** la coriandre par de la ciboulette hachée. Remplacez également le zeste et le jus de citron vert par le zeste finement râpé de 1 citron et 2 cuillerées à soupe de jus de citron. Utilisez 375 g de crevettes à la place du crabe et des crevettes.

# houmous au poivron et à l'aubergine

Pour **4 à 6 personnes**
Préparation **10 minutes**
+ refroidissement
Cuisson **45 à 50 minutes**

1 **poivron rouge** épépiné et coupé en quartiers
3 gousses d'**ail** non pelées et légèrement écrasées
1 **aubergine** coupée en gros morceaux
1 c. à s. d'**huile pimentée** + un peu pour servir
½ c. à s. de **graines de fenouil** (facultatif)
400 g de **pois chiches** en conserve égouttés
1 c. à s. de **tahini**
1 c. à c. de **graines de sésame** légèrement grillées
**sel** et **poivre**

**Pour servir**
4 **pains pitas complets**
**huile d'olive** en spray
1 c. à c. de **paprika**

**Disposez** le poivron, l'ail et l'aubergine en une seule couche dans un grand plat à rôtir. Ajoutez l'huile pimentée, saupoudrez de graines de fenouil, salez et poivrez. Faites cuire au four à 190 °C pendant 35 à 40 minutes. Sortez du four sans l'éteindre.

**Enlevez** la peau des gousses d'ail et mettez la pulpe dans un robot avec les légumes grillés, les ¾ des pois chiches et le tahini. Mixez pour obtenir une pâte presque lisse, assaisonnez à votre convenance et versez dans un bol à l'aide d'une cuillère. Couvrez de film alimentaire et laissez refroidir.

**Coupez** les pains pitas en bandes de 2,5 cm de large et placez-les dans un saladier. Vaporisez un peu d'huile d'olive et mélangez avec le paprika et un peu de sel. Disposez-en une couche sur une plaque de cuisson. Faites griller au four pendant 10 à 12 minutes.

**Parsemez** le houmous avec le reste des pois chiches et les graines de sésame, et arrosez de 1 à 2 cuillerées à soupe d'huile pimentée. Servez, accompagné de pain pita grillé.

## houmous à l'artichaut et poivron grillé

**Remplacez** l'aubergine par 400 g de cœurs d'artichauts en conserve égouttés. Faites griller au four avec les poivrons et l'ail comme ci-dessus, en remplaçant l'huile pimentée par 1 cuillerée à soupe d'huile au citron et sans mettre les graines de fenouil. Poursuivez comme ci-dessus.

# minitoasts au lard, pruneau et roquefort

Pour **4 personnes**
Préparation **15 minutes**
Finition **10 à 15 minutes**

75 g de **roquefort**
16 gros **pruneaux** dénoyautés
8 fines tranches de **lard**
20 g de **beurre**
4 tranches de **pain**

**Coupez** le fromage en 16 cubes, faites une petite incision dans chaque pruneau et glissez un morceau de fromage à l'intérieur. Coupez les tranches de lard en deux et entourez chaque pruneau de ½ tranche de lard.

**Beurrez** légèrement les tranches de pain et coupez chacune en quatre. Placez-les sur une feuille de cuisson. Placez un pruneau sur chaque morceau de pain puis fixez-le avec un pique en bois. Couvrez et placez au frais.

**Au moment de servir**, faites cuire les toasts à découvert dans un four préchauffé à 200 °C pendant 10 à 15 minutes jusqu'à ce que le pain et le lard soient grillés et que le fromage commence à fondre. Disposez sur des assiettes individuelles et garnissez de roquette.

# toasts aux huîtres

**Ouvrez** 16 huîtres et retirez-les de leur coquille.

**Entourez** chaque huître de ½ tranche de lard et maintenez-la avec une pique en bois. Faites griller les huîtres et le pain beurré coupé en carrés séparément.

**Placez** les huîtres sur les toasts puis servez sans attendre.

# toasts à la tapenade noire

Pour **4 personnes**
Préparation **15 minutes**
Cuisson **3 à 4 minutes**
Finition **10 minutes**

12 tranches fines de **baguette**
1 gousse d'**ail** coupée en deux
200 g d'un **mélange d'olives marinées** dénoyautées
2 c. à s. d'**huile d'olive**
1 petit bouquet de **basilic**
25 g de **pecorino** ou de **parmesan** râpé

**Faites légèrement griller** le pain de chaque côté. Frottez l'un des côtés avec l'ail. Posez les tranches de pain grillé sur une plaque de cuisson.

**Hachez** finement les olives dans un robot, ajoutez l'huile et la quasi-totalité du basilic puis mixez de nouveau jusqu'à obtenir une pâte pas trop lisse. Étalez-la sur le pain grillé. Couvrez et placez au réfrigérateur.

**Au moment de servir**, faites-les réchauffer 10 minutes à découvert dans un four préchauffé à 190 °C. Disposez-les sur une assiette. Parsemez de pecorino ou de parmesan ainsi que du reste des feuilles de basilic.

# toasts aux fèves

**Faites fondre** ½ oignon et 1 gousse d'ail écrasée avec 1 cuillerée à soupe d'huile d'olive pendant 5 minutes.

**Ajoutez** 200 g de fèves surgelées et 75 ml de bouillon de légumes. Faites cuire 5 minutes.

**Écrasez ou mixez** pour obtenir une pâte épaisse et incorporez 2 cuillerées à soupe de jus de citron et un petit bouquet de persil haché ou de coriandre. Salez et poivrez.

**Au moment de servir**, faites griller 4 pitas, coupez-les en tranches et étalez la purée de fèves. Parsemez d'un peu de persil haché.

# crostinis et pâté de morue

Pour **4 personnes**
Préparation **15 minutes**
+ trempage,
refroidissement
et réfrigération
Cuisson **15 minutes**

300 g de morceaux de **morue**
1 gousse d'**ail** écrasée
100 ml de **crème fraîche épaisse**
½ c. à c. de **paprika**
**jus de citron**, à votre goût
**poivre**
1 petite poignée de **ciboulette** ciselée, pour décorer (facultatif)

**Crostinis**
5 tranches de **pain aux céréales**
**huile d'olive**

**Faites tremper** les morceaux de morue 12 heures dans de l'eau froide. Changez l'eau souvent.

**Placez-les** dans une casserole et recouvrez d'eau froide. Portez à ébullition, puis baissez le feu et laissez mijoter 5 minutes. Égouttez. Émiettez le poisson, en ôtant les arêtes et la peau. Mixez-le avec l'ail dans un robot. Tout en mixant, versez la crème fraîche. Sortez la préparation du robot et assaisonnez de paprika, de jus de citron et de poivre. Ne salez pas. Placez le pâté dans un récipient et couvrez de film alimentaire. Quand il est froid, mettez-le 1 heure au réfrigérateur.

**Pour les crostinis**, découpez 4 disques de 3 cm de diamètre dans chaque tranche de pain. Disposez-les sur une plaque de four, arrosez d'un peu d'huile d'olive et faites cuire 7 à 10 minutes dans un four préchauffé à 180 °C.

**Tartinez** les crostinis de pâté de morue et parsemez de ciboulette ciselée, si vous le souhaitez.

## morue à la salsa de poivrons

**Faites tremper** puis bouillir 300 g de morue comme ci-dessus. Une fois qu'elle est cuite, émiettez-la finement et faites revenir dans un peu d'huile d'olive. Hachez 200 g d'un mélange de poivrons marinés en bocal et mélangez avec un peu d'huile du bocal. Ajoutez 8 tomates séchées à l'huile égouttées et hachées, et 8 olives noires dénoyautées et hachées. Servez la salsa de poivrons sur des petits crostinis, parsemez d'un peu de morue et arrosez de jus de citron pressé.

# pâté d'aubergine

Préparation **10 minutes**
+ trempage
Cuisson **15 minutes**
Pour **6 personnes**

25 g de **cèpes séchés**
6 c. à s. d'**huile d'olive**
500 g d'**aubergines** coupées en dés de 1 cm de côté
1 petit **oignon rouge** haché
2 c. à c. de **graines de cumin**
175 g de **champignons de Paris**
2 gousses d'**ail** écrasées
3 **noix** coupées en deux
1 petite poignée de **coriandre**
**sel** et **poivre**

**Faites tremper** les cèpes 10 minutes dans un bol d'eau chaude.

**Pendant ce temps**, faites chauffer l'huile d'olive dans une grande poêle. Ajoutez les aubergines et l'oignon. Faites revenir 8 minutes à feu moyen pour faire fondre et dorer les légumes.

**Égouttez** les cèpes et ajoutez-les dans la poêle ainsi que les graines de cumin, les champignons de Paris et l'ail. Faites cuire 5 à 7 minutes.

**Versez** la préparation dans un robot puis ajoutez les noix et la coriandre. Salez et poivrez. Mixez en veillant à ce que le mélange ne soit pas trop lisse. Versez dans un plat et placez au réfrigérateur jusqu'au moment de servir. Servez le pâté d'aubergine sur des tranches épaisses de pain ou des toasts chauds.

# chakchouka de champignons

**Préparez** les ingrédients en suivant la recette ci-dessus mais en ajoutant l'eau de trempage des champignons et 400 g de tomates concassées en boîte avec les champignons. Couvrez et faites mijoter 15 minutes puis laissez refroidir. Réchauffez au moment de servir.

**Servez** avec du pain pita chaud, posez un œuf poché sur le dessus et parsemez d'un peu de coriandre fraîche.

# scones à la truite fumée

Pour **4 personnes**
Préparation **30 minutes**
Cuisson **7 à 10 minutes**

250 g de **farine avec levure incorporée** + un peu pour le plan de travail
1 pincée de **sel**
½ c. à c. de **levure chimique**
50 g de **beurre** détaillé en dés
1 c. à s. de **romarin** ciselé
1 **œuf** légèrement battu
environ 150 ml de **lait fermenté**
un peu de **lait**
quelques brins d'**aneth** pour décorer (facultatif)

**Garniture**
125 g de **fromage frais**
1 c. à s. d'**aneth** ciselé
1 c. à s. de **ciboulette** ciselée
150 g de **truite fumée**
**sel** et **poivre**

**Tamisez** la farine, le sel et la levure au-dessus d'un récipient, puis sablez le beurre avec la farine, du bout des doigts, jusqu'à ce que le mélange ressemble à de la chapelure. Incorporez le romarin, l'œuf et assez de lait fermenté pour obtenir une pâte souple mais pas collante. Ne la travaillez pas trop.

**Abaissez** la pâte à 1,5 cm d'épaisseur sur un plan de travail fariné. À l'aide d'un emporte-pièce de 3 cm de diamètre, découpez 16 disques. Déposez-les sur une plaque de four antiadhésive et badigeonnez le dessus avec un peu de lait. Faites cuire les scones dans un four préchauffé à 190 °C pendant 7 à 10 minutes – ils doivent lever et devenir brun doré –, puis transvasez-les sur une grille pour les faire refroidir.

**Mélangez** le fromage frais, l'aneth et la ciboulette et assaisonnez de sel et de poivre.

**Découpez** un chapeau sur le haut de chaque scone pour obtenir une surface plate, puis étalez un peu de la préparation au fromage frais. Disposez un peu de truite fumée dessus et garnissez d'un brin d'aneth, si vous le souhaitez.

## pâté de saumon fumé

**Mixez** 250 g de saumon fumé avec 2 cuillerées à soupe de crème liquide et 100 g de fromage frais dans un robot. Incorporez 2 cuillerées à soupe d'aneth ciselé et assaisonnez de sel et de poivre. Étalez sur les scones puis servez.

# pains pitas et chèvre mariné

Pour **4 à 6 personnes**
Préparation **10 minutes** + marinade
Cuisson **2 minutes**

- 2 bûches de **chèvre entières de 125 g**, ou 1 bûche de 250 g coupée en tranches
- 75 ml d'**huile d'olive vierge extra**
- 1 c. à s. d'**herbes fraîches** de votre choix, hachées
- 1 **piment rouge fort** épépiné et émincé
- le **zeste** râpé de 1 **citron vert**
- 4 à 6 grands **pains pitas ronds**
- **huile d'olive vierge extra** pour badigeonner les pitas
- 1 ½ c. à c. de **sumac** ou de **thym séché**
- **sel** et **poivre noir**

**Mettez** le chèvre dans un plat en céramique peu profond. Mélangez l'huile d'olive, les herbes, le piment, le zeste de citron vert, un peu de sel et de poivre, puis versez le tout sur le fromage. Laissez mariner 1 heure.

**Posez** les pains pitas sur une planche. Badigeonnez le dessus d'huile d'olive et assaisonnez de sumac, de sel et de poivre. Faites griller, côté épicé vers le haut, au barbecue à température élevée pendant 1 minute, puis retournez et faites cuire 1 minute de l'autre côté jusqu'à ce que le pain soit croustillant.

**Coupez** les pitas en parts et servez avec le fromage de chèvre et la marinade.

# pitas au beurre à l'ail

**Faites fondre** 50 g de beurre dans une petite casserole avec 1 gousse d'ail écrasée et un peu de poivre noir. Faites griller 4 pains pitas au barbecue pendant 1 minute de chaque côté. Badigeonnez-les de beurre à l'ail et coupez en parts avant de servir.

# tortillas grillées et baba ganoush

Pour **6 personnes**
Préparation **10 minutes**
+ refroidissement
et marinade
Cuisson **22 à 27 minutes**

1 **aubergine** d'environ 500 g
1 gousse d'**ail** écrasée
1 c. à s. de **jus de citron**
1 c. à s. de **coriandre** hachée
2 c. à c. de **tahini**
1 pincée de **poivre de Cayenne**
4 **tortillas de blé** de 23 cm de diamètre
**huile d'olive**
**sel** et **poivre noir**

**Essuyez** l'aubergine, piquez-la avec une fourchette un peu partout et faites-la cuire au barbecue 20 à 25 minutes à température élevée, en la retournant souvent, jusqu'à ce que la chair soit tendre et que la peau noircisse. Réservez.

**Quand** l'aubergine est assez froide pour être manipulée, épluchez-la, jetez la peau, écrasez la chair et passez-la au tamis pour éliminer le surplus d'eau. Mixez la chair dans un robot, ajoutez l'ail, le jus de citron, la coriandre, le tahini, le poivre de Cayenne, un peu de sel et de poivre. Transvasez dans un récipient, couvrez et laissez mariner plusieurs heures pour que les saveurs se développent.

**Badigeonnez** légèrement les tortillas d'huile d'olive et faites-les griller au barbecue 1 minute de chaque côté. Découpez-les en lanières et servez avec le baba ganoush.

# dip aubergine grillée, tomate et olives

**Coupez** 1 aubergine moyenne en tranches de 5 mm d'épaisseur, en biais, badigeonnez-les d'huile d'olive et assaisonnez de sel et de poivre noir. Faites cuire au barbecue à température élevée 2 à 3 minutes de chaque côté. Laissez refroidir puis coupez en petits dés.

**Mélangez** les dés d'aubergine avec 1 tomate finement hachée, 50 g d'olives noires dénoyautées hachées, 1 gousse d'ail écrasée, 1 cuillerée à soupe de coriandre fraîche hachée, 2 cuillerées à soupe d'huile d'olive vierge extra et un peu de jus de citron. Servez avec 4 tortillas grillées.

# bruschettas à la bresaola

Pour **6 personnes**
Préparation **5 minutes**
Cuisson **2 minutes**

6 tranches de **pain au levain**
3 **tomates mûres**
4 c. à s. d'**huile à l'ail fumé**
6 tranches de **bresaola** ou de **prosciutto**
**poivre noir**

**Faites griller** le pain au barbecue à température moyenne pendant 1 minute de chaque côté.

**Coupez** les tomates en deux. Frottez-les sur un côté des tranches de pain grillées, sur toute la surface, puis arrosez généreusement d'huile à l'ail.

**Disposez** les tranches, côté tomate vers le haut, sur un plat et recouvrez chacune de 1 tranche de bresaola, puis poivrez. Arrosez à nouveau d'huile à l'ail avant de servir.

# bruschettas aux tomates

**Mélangez** 3 tomates en grappe détaillées en dés, 1 gousse d'ail écrasée, 1 cuillerée à soupe de basilic en lanières, 1 cuillerée à soupe d'huile d'olive vierge extra et un peu de sel et de poivre.

**Faites griller** 6 tranches de pain au levain comme ci-dessus, puis recouvrez du mélange aux tomates et servez.

# pain à l'ail et au fromage

Pour **4 personnes**
Préparation **5 minutes**
Cuisson **10 minutes**

1 petite **baguette**
75 ml d'**huile d'olive vierge extra**
1 gousse d'**ail** écrasée
2 c. à c. de **thym** haché
125 g de **mozzarella de lait de bufflonne** coupée en fines tranches
**sel** et **poivre noir**

**Coupez** la baguette en 20 tranches rattachées à la base. Mélangez l'huile d'olive, l'ail, le thym, du sel et du poivre dans un récipient et badigeonnez de cette préparation les incisions et le dessus du pain.

**Placez** 1 tranche de mozzarella dans chaque incision. Disposez la baguette sur une double couche de papier d'aluminium et fermez sans serrer. Faites cuire au barbecue à température moyenne à élevée pendant 5 minutes, puis ouvrez le papier (en utilisant des gants de cuisine pour ne pas vous brûler) et poursuivez la cuisson 5 minutes. Servez chaud.

# brochettes de pain, tomates et mozzarella

**Coupez** 1 petite baguette en dés de 2,5 cm de côté et enfilez-les sur 4 à 6 grandes brochettes en bambou, préalablement trempées dans de l'eau, en alternant avec 1 dé de mozzarella et 1 tomate cerise. Mettez les brochettes dans un plat en céramique.

**Mélangez** 4 cuillerées à soupe d'huile d'olive vierge extra avec 1 cuillerée à soupe d'un mélange d'herbes hachées, un peu de sel et de poivre.

**Versez** le mélange sur les brochettes et laissez mariner 1 heure.

**Faites cuire** au barbecue pendant 2 à 3 minutes jusqu'à ce que le fromage commence à fondre.

# crostinis au maquereau fumé

Pour **4 personnes**
Préparation **10 minutes**
Cuisson **2 à 3 minutes**

230 g de filet de **maquereau fumé** sans peau
1 c. à s. de **crème de raifort**
2 c. à s. de **crème fraîche**
1 c. à s. de **ciboulette** ciselée
le **zeste** finement râpé de 1 **citron**
1 c. à s. de **jus de citron**
1 **baguette aux céréales** ou **aux graines** coupée en tranches
1 **oignon de printemps** émincé en biais (facultatif)
4 **sucrines**, feuilles séparées
**poivre**

**Mettez** le maquereau fumé dans un saladier et émiettez-le à l'aide d'une fourchette. Ajoutez la crème de raifort, la crème fraîche, la ciboulette, le zeste et le jus de citron, poivrez généreusement et mélangez délicatement.

**Placez** les tranches de baguette sur une plaque striée et passez sous le gril du four pendant 2 à 3 minutes jusqu'à ce qu'elles soient dorées et croustillantes, en les retournant une fois. Servez immédiatement les crostinis avec les rillettes de maquereau, l'oignon de printemps et les feuilles de sucrine.

## croquettes au maquereau fumé

**Mélangez** le poisson émietté avec 230 g de purée de pommes de terre froide, 1 ½ cuillerée à soupe de crème de raifort, la ciboulette, le zeste de citron et du poivre. Mettez 1 heure au réfrigérateur. Formez 4 galettes avec les mains légèrement humides, puis saupoudrez de farine. Passez la baguette dans un robot pour faire de la chapelure. Trempez chaque croquette de poisson dans de l'œuf battu, puis roulez-la dans la chapelure. Faites chauffer un peu d'huile de colza vierge extra dans une sauteuse et faites cuire les croquettes 4 à 5 minutes de chaque côté. Égouttez sur du papier absorbant et servez avec du mesclun.

# bruschettas aux fèves

Pour **4 personnes**
Préparation **15 minutes**
Cuisson **3 minutes**

5 c. à s. d'**huile d'olive vierge extra** + un filet
2 gousses d'**ail**, dont 1 écrasée et 1 entière
1 pincée de **piment séché** pilé
1 poignée de feuilles de **menthe**
250 g de **fèves** écossées et mondées (décongelées si elles sont surgelées)
40 g de **pecorino** râpé
1 petite **ciabatta** coupée en 8 tranches fines
**sel** et **poivre**
copeaux de **parmesan** pour servir

**Mélangez** l'huile d'olive, la gousse d'ail écrasée, le piment et la menthe dans un bol. Laissez reposer 10 minutes.

**Pendant ce temps**, écrasez légèrement les fèves avec une fourchette. Salez et poivrez. Ajoutez les fèves écrasées dans le bol avec le pecorino. Faites griller les tranches de pain des deux côtés, sous le gril d'un four préchauffé à 180 °C ou dans une poêle-gril.

**Frottez** les tranches de pain avec la gousse d'ail entière. Répartissez la préparation aux fèves sur le pain et arrosez avec un filet d'huile d'olive. Parsemez de copeaux de parmesan et servez aussitôt.

## bruschettas au parmesan et aux haricots blancs

**Mélangez** 2 gousses d'ail écrasées, 1 cuillerée à café de romarin ciselé et 4 cuillerées à soupe d'huile d'olive vierge extra dans un bol. Laissez reposer 10 minutes. Égouttez 400 g de haricots blancs en boîte, rincez-les puis égouttez-les de nouveau. Écrasez légèrement les haricots avec une fourchette puis ajoutez-les au mélange à l'huile d'olive avec 2 cuillerées à soupe de parmesan fraîchement râpé. Salez puis ajoutez une bonne pincée de piment séché. Répartissez la préparation sur du pain grillé, comme ci-dessus. Arrosez d'un filet d'huile d'olive et parsemez de copeaux de parmesan.

# brandade de morue

Pour **4 personnes**
Préparation **10 minutes**
+ trempage
Cuisson **15 minutes**

400 g de **morue salée**
1 feuille de **laurier**
3 gousses d'**ail** entières pelées
1 pincée de **piment séché** émietté
**lait** pour pocher la morue
75 ml d'**huile d'olive vierge extra** + un filet
2 c. à s. de **persil plat** haché grossièrement
1 **piment rouge** épépiné et haché finement
**sel** (facultatif)
8 tranches de **ciabatta** grillées, pour servir

**Faites tremper** la morue dans une grande quantité d'eau froide pendant 48 heures, en changeant l'eau 5 ou 6 fois par jour.

**Égouttez** la morue et mettez-la dans une cocotte avec la feuille de laurier, l'ail et le piment. Versez du lait jusqu'à ce que le poisson soit immergé. Portez à ébullition puis réduisez le feu et laissez frémir 10 minutes. Sortez la morue à l'aide d'une écumoire. Réservez le lait et l'ail. Quand la morue a tiédi, émiettez-la en retirant la peau et les arêtes.

**Dans un robot**, hachez la morue avec l'ail et 5 cuillerées à soupe de lait.Versez l'huile en filet régulier. Ajoutez le persil, le piment et un peu de sel. Arrosez d'un filet d'huile d'olive et servez avec du pain grillé.

## beignets à la morue

**Préparez la pâte** : mélangez 2 œufs battus légèrement, 1 cuillerée à soupe d'huile d'olive, 300 ml de bière blonde bien froide, 1 pincée de sel et 225 g de farine ordinaire tamisée. Faites tremper et cuire 500 g de morue comme ci-dessus. Égouttez puis taillez en morceaux de 5 cm. Faites chauffer une généreuse quantité d'huile de tournesol à 180-190 °C dans une casserole à bord haut (un petit morceau de pain doit dorer en 30 secondes). Égouttez les morceaux de morue sur du papier absorbant. Tournez ensuite les morceaux dans de la farine assaisonnée puis plongez-les dans la pâte à beignets. Faites dorer les beignets 5 à 6 minutes dans l'huile bien chaude. Déposez-les sur du papier absorbant. Servez avec des quartiers de citron.

# bruschetta à la truite fumée

Pour **4 personnes**
Préparation **5 minutes**
Cuisson **5 minutes**

12 épaisses tranches de **baguette**
2 grosses gousses d'**ail** coupées en deux
2 c. à s. d'**huile d'olive vierge extra** + un filet
250 g de **tzatziki**
250 g de **truite** fumée à chaud, émiettée
**aneth** ciselé pour décorer
**poivre**

**Faites griller** le pain dans une poêle-gril préchauffée ou sous le gril du four.

**Frottez** le pain encore chaud avec les moitiés de gousses d'ail. Badigeonnez d'huile d'olive. Déposez une grosse cuillerée de tatziki sur le pain et parsemez de truite émiettée. Poivrez selon votre goût et décorez avec l'aneth ciselé. Versez un filet d'huile d'olive et servez.

# tzatziki

**Prenez** un gros concombre. Râpez-le puis pressez la pulpe pour en extraire l'eau.

**Mélangez** à la chair de concombre 4 ou 5 cuillerées à soupe de yaourt à la grecque épais, du sel et du poivre.

# bruschettas aux cèpes

Pour **4 personnes**
Préparation **10 minutes**
Cuisson **5 minutes**

4 tranches épaisses de **pain de campagne**
2 gousses d'**ail**
1 filet d'**huile d'olive vierge extra**
2 c. à s. de **persil plat** ciselé + quelques feuilles pour décorer
4 petits **cèpes frais**
quelques gouttes de **jus de citron**
1 filet d'**huile parfumée à la truffe**
**sel** et **poivre**

**Faites griller** les tranches de pain des deux côtés sous le gril d'un four préchauffé ou dans une poêle-gril. Frottez le pain avec l'ail, sur une face. Arrosez d'huile d'olive et parsemez de persil ciselé.

**Nettoyez** les cèpes avec une petite brosse. Taillez les pieds et les chapeaux en tranches très fines.

**Coupez** les tranches de pain en deux. Parsemez-les de lamelles de pied de cèpe. Arrosez d'un filet de jus de citron, salez et poivrez. Parsemez ensuite de lamelles de chapeau de cèpe. Arrosez avec quelques gouttes de jus de citron et d'huile à la truffe. Poivrez et décorez avec un peu de persil ciselé. Servez aussitôt.

# bruschettas au parmesan

**Préparez** les bruschettas comme ci-dessus en supprimant le persil et le jus de citron, et en parsemant les tranches de pain de 1 poignée de trévise émincée.

**Ajoutez** les lamelles de cèpe, des copeaux de parmesan, du sel et du poivre ainsi que quelques gouttes d'huile d'olive vierge extra à la place de l'huile à la truffe.

# figues et jambon de Parme

Pour **4 personnes**
Préparation **5 minutes**
Cuisson **4 à 5 minutes**

8 **figues fraîches mûres**
2 c. à s. de **vinaigre balsamique**
**huile d'olive vierge extra**
12 tranches de **jambon de Parme**
50 g de feuilles de **roquette**
**sel** et **poivre du moulin**

**Coupez** les figues en deux puis posez-les sur une plaque de cuisson, côté coupé vers le haut. Badigeonnez-les de vinaigre balsamique puis arrosez-les d'un filet d'huile d'olive. Salez légèrement et poivrez généreusement.

**Faites cuire** 4 à 5 minutes sous le gril d'un four bien chaud jusqu'à ce que les figues commencent à noircir.

**Disposez** 3 tranches de jambon sur chaque assiette. Posez les figues grillées sur le jambon puis parsemez de feuilles de roquette. Arrosez d'un filet d'huile d'olive et servez sans attendre.

# melon à la menthe et jambon de Parme

**Disposez** un melon coupé en tranches sur une assiette avec 12 tranches de jambon de Parme.

**Modernisez** ensuite ce classique en l'agrémentant de 5 feuilles de menthe ciselées, puis arrosez d'un filet d'huile d'olive.

# mozzarella in carrozza

Pour **4 personnes**
Préparation **10 minutes**
Cuisson **15 minutes**

3 **œufs** battus légèrement
3 c. à s. de **lait entier**
50 g de **farine ordinaire**
200 g de **mozzarella** coupée en tranches de 5 mm d'épaisseur
12 feuilles de **basilic**
8 tranches de **pain de mie**
4 c. à s. d'**huile d'olive**
**sel** et **poivre**

**Mélangez** les œufs et le lait dans un bol. Salez et poivrez légèrement. Versez la farine dans une assiette creuse.

**Répartissez** la mozzarella et le basilic sur 4 tranches de pain. Recouvrez avec les autres tranches de pain pour former 4 sandwichs. Pressez fermement avec la main puis coupez et jetez les croûtes.

**Faites chauffer** la moitié de l'huile d'olive à feu moyen dans une grande poêle. Tournez 2 sandwichs dans la farine, brièvement, puis plongez-les dans l'œuf battu pour bien les enrober. Faites cuire dans la poêle, 3 à 4 minutes de chaque côté, jusqu'à ce qu'ils soient dorés et croustillants. Maintenez les sandwichs au chaud, dans un four doux, pendant que vous faites cuire les deux autres. Décorez éventuellement avec quelques feuilles de salade et servez.

# jambon de parme et mozzarella

**Mélangez** les œufs et le lait comme ci-dessus. Salez. Remplacez le poivre par ¼ de cuillerée à café de piment en poudre.

**Garnissez** le pain avec la mozzarella. Ajoutez une tranche de jambon de Parme et supprimez le basilic.

**Tournez** les sandwichs dans la farine puis dans l'œuf, et faites cuire comme ci-dessus.

# camembert au four

Pour **4 personnes**
Préparation **10 minutes**
Cuisson **5 à 10 minutes**

1 **camembert** entier (250 g)
2 c. à s. d'**huile d'olive**
2 brins de **romarin**
1 **baguette** croustillante
50 g de **noix** hachées grossièrement et grillées
2 c. à s. de **miel** liquide

**Déposez** le camembert dans un plat à gratin. Faites quelques entailles dans le dessus puis badigeonnez-le d'huile d'olive et parsemez-le d'aiguilles de romarin.

**Recouvrez** avec une feuille de papier d'aluminium et faites chauffer 5 à 10 minutes dans un four préchauffé à 200 °C jusqu'à ce que le fromage soit coulant.

**Coupez** la baguette en tronçons et faites-les griller.

**Parsemez** le camembert de noix hachées puis arrosez-le de miel. Servez aussitôt avec les tronçons de baguette dorés.

# brie et noisettes

**Remplacez** le camembert par la même quantité de brie, et les noix par 50 g de noisettes hachées et grillées.

# terrine de poivron à la ricotta

Pour 6 **personnes**
Préparation **30 minutes**
Cuisson **30 minutes**
Réfrigération **4 à 6 heures**

1 **poivron rouge**
1 **poivron vert**
1 **poivron jaune**
2 gousses d'**ail**
1 bouquet de **basilic**
8 feuilles de **gélatine**
600 g de **ricotta**
**sel** et **poivre**

**Faites griller** les poivrons au four jusqu'à ce que la peau soit complètement cloquée et noircie. Sortez-les et enfermez-les 15 minutes dans un sac plastique. Épluchez-les, ôtez la peau et les pépins. Disposez les lamelles de poivron sur du papier absorbant.

**Épluchez** l'ail, lavez le basilic, détachez les feuilles.

**Faites ramollir** les feuilles de gélatine, puis faites-les fondre dans un peu d'eau chaude (1 minute au micro-ondes). Dans le bol du mixeur, versez la ricotta, les feuilles de basilic, le sel, le poivre, l'ail, la gélatine fondue et mixez finement.

**Tapissez** le moule d'une feuille de film alimentaire. Disposez en couches successives les lamelles de poivron et le fromage au basilic. Mettez 4 à 6 heures au réfrigérateur.

# pâté de campagne

Pour **6 à 8 personnes**
Préparation **30 minutes**
+ refroidissement
Cuisson **1 h 45**
Finition **5 minutes**

300 g de **lard fumé** coupé en tranches très fines
650 g de **chair de cuisse de dinde** sans peau
200 g de **foies de volaille**
1 **oignon** coupé en quatre
375 g de **poitrine de porc** découennée et coupée en dés
2 ou 3 gousses d'**ail** finement hachées
1 petit bouquet de **thym** sans les tiges
6 **clous de girofle** écrasés
6 **baies de genièvre** ou de **poivre de la Jamaïque** écrasées
75 g de **mie de pain** fraîche émiettée
75 g d'**abricots secs** coupés en dés
3 c. à s. de **porto**, **madère** ou **sherry**
**sel** et **poivre**

**Étirez** les tranches de lard en vous aidant du plat de la lame d'un grand couteau pour qu'elles soient le plus fines possible. Tapissez un moule à cake ou à pâté d'une contenance de 1 kg avec les tranches de lard en les faisant dépasser des bords. Gardez quelques tranches de lard pour recouvrir le pâté.

**Mixez** la dinde, les foies de volaille et l'oignon puis mélangez-les dans un saladier avec la poitrine de porc, l'ail, le thym, les clous de girofle et les baies de genièvre ou de poivre de la Jamaïque. Incorporez la mie de pain, les abricots secs et le porto. Salez et poivrez.

**Versez** la farce dans le moule en la pressant bien. Couvrez avec le reste de tranches de lard puis rabattez le lard qui dépasse des côtés. Couvrez avec du papier d'aluminium et placez le pâté dans un plat à four. Versez de l'eau chaude à mi-hauteur.

**Faites cuire** le pâté 1 h 45 dans un four préchauffé à 160 °C. Vérifiez la cuisson en plantant une brochette métallique. Si le pâté est cuit, le jus qui s'écoule doit être clair (et non rosé). Videz l'eau du plat. Placez une petite planche à découper sur le pâté et posez des poids pour servir de presse. Lorsqu'il a refroidi, placez-le au réfrigérateur toute la nuit.

**Au moment de servir**, retirez les poids et démoulez le pâté en le retournant sur la planche à découper. Coupez-le en tranches épaisses et servez-le avec des radis, de la salade et du pain croustillant.

# pain surprise

Pour **4 à 6 personnes**
Préparation **25 minutes**
Cuisson **15 minutes**
Finition **2 minutes**

1 **poivron rouge** équeuté, épépiné et coupé en quatre
1 **poivron orange** équeuté, épépiné et coupé en quatre
200 g d'**aubergine** coupée en tranches fines
200 g de **courgette** coupée en tranches épaisses
5 c. à s. d'**huile d'olive**
3 gousses d'**ail** finement hachées
1 **miche de pain** ronde de 20 cm de diamètre
2 c. à c. de **pesto**
75 g de tranches de **pastrami** ou de **jambon**
150 g de **mozzarella** coupée en tranches fines
**sel** et **poivre**

**Disposez** les poivrons, côté peau vers le haut, les aubergines et les courgettes côte à côte sur une plaque de cuisson. Arrosez de 3 cuillerées à soupe d'huile d'olive, parsemez d'ail, salez et poivrez. Faites cuire sous le gril 10 minutes en retournant les légumes une fois. Retirez les courgettes et faites cuire les poivrons et l'aubergine 5 minutes de plus jusqu'à ce que la peau des poivrons noircisse. Mettez les poivrons dans du papier d'aluminium et laissez refroidir.

**Découpez** le sommet de la miche de pain et retirez la mie en laissant une épaisseur de 2 cm. (Utilisez la mie pour préparer de la chapelure, une farce ou un pudding.) Mélangez le reste d'huile d'olive avec le pesto, salez, poivrez et badigeonnez l'intérieur de la miche.

**Retirez** la peau des poivrons et placez le poivron orange au fond de la miche. Couvrez de pastrami ou de jambon, puis de courgettes. Ajoutez les tranches de mozzarella, le poivron rouge et les tranches d'aubergine avec le jus de cuisson. Replacez le sommet de la miche pour former un couvercle, entourez de papier sulfurisé et réservez dans un endroit frais. Au moment de servir, coupez la miche en tranches et servez avec de la salade.

# pain surprise aux légumes grillés

**Faites griller** les légumes comme ci-dessus et superposez les couches de légumes en remplaçant le pastrami par 75 g de tomates séchées à l'huile, égouttées, et 4 cœurs d'artichaut en boîte, égouttés et coupés en tranches.

# friture

# friture de fruits de mer

Pour **4 à 6 personnes**
Préparation **20 minutes**
Cuisson **5 minutes**

500 g d'un **mélange de fruits de mer** (par exemple **petite friture**, **poisson blanc** sans la peau et **gras**, **calamars** nettoyés)
1 **oignon nouveau** finement haché
1 **piment rouge doux** épépiné et coupé en fines rondelles
1 gousse d'**ail** finement hachée
2 c. à s. de **persil** ciselé
100 g de **semoule fine**
½ c. à c. de **paprika**
**huile de tournesol** pour la friture
**sel** et **poivre**
quartiers de **citron** ou de **citron vert** pour servir

**Détaillez** le poisson blanc en petits morceaux et les calamars en anneaux. Séchez les fruits de mer et le poisson en les tapotant avec du papier absorbant.

**Mélangez** l'oignon nouveau avec le piment, l'ail, le persil et du sel. Réservez.

**Mettez** la semoule et le paprika sur une assiette et assaisonnez légèrement avec du sel et du poivre. Roulez-y les morceaux de poisson et de fruits de mer pour les recouvrir du mélange.

**Faites chauffer** au moins 7 cm d'huile dans une friteuse ou une grande poêle à 180-190 °C. Faites frire les poissons et fruits de mer, en plusieurs fois, pendant 30 à 60 secondes, jusqu'à ce qu'ils soient croustillants et dorés. Égouttez sur du papier absorbant et gardez au chaud pendant que vous faites frire le reste. Dressez dans des petits récipients et parsemez du mélange d'oignon nouveau, de piment, d'ail et de persil. Accompagnez de quartiers de citron ou de citron vert.

## mayonnaise douce au piment

**Mélangez** 4 cuillerées à soupe de mayonnaise avec 1 cuillerée à soupe de sauce douce au piment. Versez le jus de ½ citron dans la mayonnaise et mélangez. Ajoutez un peu de piment haché si vous voulez apporter une touche piquante. Servez cette mayonnaise avec la friture de fruits de mer.

# toasts aux crevettes à la thaïe

Pour **4 personnes**
Préparation **25 minutes**
+ refroidissement
Cuisson **20 minutes**

1 c. à s. d'**huile végétale**
1 **oignon** finement haché
1 **piment rouge** épépiné et finement haché
5 cm de **gingembre frais** épluché et finement haché
1 gousse d'**ail** écrasée
200 g de **crevettes crues** décortiquées
150 g de **porc haché**
1 **œuf** légèrement battu
1 c. à s. de **sauce de poisson thaïe**
2 c. à s. de **coriandre** ciselée + quelques brins pour décorer
le **zeste** finement râpé de 2 **citrons verts**
5 tranches de **pain blanc**
2 c. à s. de **graines de sésame**
**huile végétale** pour la friture
**sel** et **poivre**
2 **citrons verts** coupés en quartiers pour servir

**Faites chauffer** l'huile dans une poêle à feu moyen, ajoutez l'oignon, le piment et le gingembre et faites cuire jusqu'à ce que l'oignon soit tendre. Ajoutez l'ail et faites revenir encore 1 minute. Laissez refroidir.

**Placez** le mélange refroidi, les crevettes et le porc dans un robot de cuisine et mixez jusqu'à la formation d'une pâte. Ajoutez l'œuf, la sauce de poisson, la coriandre, le zeste de citron vert, un peu de sel et de poivre, et mixez à nouveau.

**Étalez** une couche d'environ 1 cm d'épaisseur de la préparation obtenue sur le pain. Parsemez de graines de sésame et coupez en triangles.

**Faites chauffer** au moins 7 cm d'huile dans une friteuse ou une grande casserole à 180-190 °C. Faites frire 4 triangles à la fois pendant 3 minutes, côté tartiné vers le bas, puis retournez et faites cuire de l'autre côté pendant encore 1 minute. Égouttez sur du papier absorbant et gardez au chaud pendant que vous faites frire le reste. Servez avec les quartiers de citron vert et garnissez de brins de coriandre.

## dip au citron vert et au piment

**Mélangez** 2 cuillerées à soupe de jus de citron vert, 2 cuillerées à soupe de sauce douce au piment et 2 cuillerées à soupe de sauce de poisson thaïe.

# calamars frits, sel et piment

Pour **6 à 8 personnes**
Préparation **20 minutes**
+ réfrigération
Cuisson **3 minutes**

750 g de **calamars** nettoyés et coupés en deux dans le sens de la longueur, sans les tentacules
200 ml de **jus de citron**
100 g de **farine de maïs**
1 ½ c. à s. de **sel**
2 c. à c. de **poivre blanc**
1 c. à c. de **piment en poudre**
2 c. à c. de **sucre**
4 **blancs d'œufs** battus
**huile de tournesol** pour la friture

**Dip**
1 **piment rouge** épépiné et coupé en petits dés
1 c. à s. d'**échalote** en dés
2 c. à c. de **coriandre** ciselée
6 c. à s. de **sauce soja claire**
1 c. à s. de **vin de riz**

**Pour décorer**
**piments rouges** épépinés et coupés en rondelles
**oignons nouveaux** coupés en fines rondelles

**Ouvrez** les calamars et séchez-les avec du papier absorbant. Disposez-les sur une planche à découper, côté brillant vers le bas, et incisez la chair en croisillons avec un couteau tranchant sans la transpercer. Détaillez les calamars en morceaux de 5 x 2 cm et placez-les dans un récipient non métallique.Versez le jus de citron dessus et placez 15 minutes au réfrigérateur.

**Mélangez** la farine de maïs, le sel, le poivre, la poudre de piment et le sucre dans une assiette. Plongez les morceaux de calamar dans les blancs d'œufs puis roulez-les dans la préparation à la farine de maïs.

**Faites chauffer** 7 cm d'huile dans une friteuse ou une grande casserole à 180-190 °C. Faites frire les calamars, en 3 fois, pendant 1 minute. Sortez-les avec une écumoire et égouttez-les sur du papier absorbant.

**Mélangez** tous les ingrédients du dip. Servez les calamars dans des petits cornets en papier, garnissez de piment rouge et d'oignon nouveau, et accompagnez du dip.

Pour des calamars frits, sel et poivre, préparez les calamars comme ci-dessus.

**Mélangez** 100 g de farine de maïs, 2 cuillerées à café de sucre en poudre, 1 ½ cuillerée à soupe de sel, 1 cuillerée à café de poivre blanc moulu et 1 cuillerée à café de poivre noir moulu. Plongez les calamars dans des blancs d'œufs battus puis roulez-les dans la préparation à la farine.

**Faites frire** dans de l'huile de tournesol 1 minute, puis égouttez sur du papier absorbant et servez comme ci-dessus.

# calamars cajun et dip à l'avocat

Pour **4 personnes**
Préparation **7 minutes**
Cuisson **8 minutes**

150 g de **farine**
1 c. à s. bombée de **mélange cajun**
4 gros **calamars** nettoyés et coupés en anneaux, sans les tentacules
**huile végétale**
**sel** et **poivre**

**Dip à l'avocat**
2 **avocats mûrs** épluchés et dénoyautés
1 petit **oignon rouge** finement haché
1 **piment rouge** épépiné et finement haché
2 c. à s. de **crème fraîche épaisse**
le **jus** de 1 **citron vert**
**sel** et **poivre**

**Mettez** les avocats dans un robot de cuisine et mixez jusqu'à homogénéité (ou écrasez-les simplement avec une fourchette). Incorporez l'oignon, le piment et la crème fraîche. Assaisonnez avec le jus de citron vert, du sel et du poivre. Réservez pendant que vous préparez les calamars.

**Mettez** la farine et le mélange cajun dans un grand sac de congélation avec un peu de sel et de poivre, et mélangez bien. Ajoutez les calamars dans le sac et agitez bien pour enrober tous les anneaux.

**Faites chauffer** 1 cm d'huile dans une poêle à feu vif. Enlevez tout excédent de farine des calamars et faites-les frire rapidement, en plusieurs fois, par petites quantités, pendant 1 à 2 minutes. Sortez-les de la poêle puis égouttez-les sur du papier absorbant. Gardez-les au chaud pendant que vous faites cuire le reste, puis servez immédiatement avec le dip à l'avocat.

## crevettes panées au citron vert

**Décortiquez** 20 grosses crevettes crues en laissant la queue. Saupoudrez-les de farine, plongez-les dans de l'œuf battu puis roulez-les dans du panko (chapelure japonaise) ou de la chapelure blanche si vous ne trouvez pas de panko. Faites dorer les crevettes dans un fond d'huile végétale et arrosez-les du jus de 1 citron vert pressé. Mélangez 1 piment rouge épépiné et finement haché avec 125 g de mayonnaise, et servez avec les crevettes au citron vert.

# cornets de frites et petits poissons

Pour **12 cornets**
Préparation **20 minutes**
Cuisson **10 minutes**

250 g de **pommes de terre** épluchées et détaillées en longues frites fines
**huile de tournesol** pour la friture
4 c. à s. de **farine**
400 g de **petite friture**
**sel** et **poivre**
**vinaigre de malt** pour servir

**Recouvrez** une grande feuille de papier journal de papier sulfurisé, puis découpez cette double couche en 12 carrés et formez un petit cône avec chacun.

**Rincez** les frites sous l'eau froide et essuyez-les avec du papier absorbant. Faites chauffer au moins 7 cm d'huile dans une friteuse ou une grande casserole à 180-190 °C. Faites frire les frites 4 à 5 minutes, puis égouttez-les sur du papier absorbant et remettez-les dans la friteuse 1 à 2 minutes afin qu'elles soient dorées et croustillantes. Égouttez et gardez au chaud.

**Dans une grande assiette**, assaisonnez la farine de sel et de poivre. Roulez la petite friture dedans et faites frire 1 à 2 minutes. Égouttez sur du papier absorbant.

**Mélangez** les poissons frits avec les frites, saupoudrez de sel et disposez dans les cônes en papier. Servez avec le vinaigre de malt à côté.

## petits poissons frits aux patates douces

**Épluchez** 2 grosses patates douces et coupez-les en quartiers. Placez-les dans un saladier, avec 2 cuillerées à soupe d'huile végétale, 1 cuillerée à café de cumin moulu, 1 cuillerée à café de coriandre moulue et 1 cuillerée à café de graines de fenouil légèrement écrasées, puis mélangez. Étalez sur une plaque de four antiadhésive et faites rôtir 30 minutes dans un four préchauffé à 200 °C. Faites frire la petite friture comme indiqué ci-dessus, puis mélangez avec les patates douces épicées avant de servir.

# beignets de maïs au saint-pierre

Pour **4 personnes**
Préparation **10 minutes**
Cuisson **20 minutes**

2 c. à s. d'**huile d'olive**
2 **saint-pierre** levés en filets, désarêtés et détaillés en morceaux de la taille d'une bouchée
**sel** et **poivre**

**Beignets**
75 g de **farine avec levure incorporée**
½ c. à c. de **paprika**
1 **œuf**
50 ml de **lait**
2 épis de **maïs doux**, grains détachés
1 **poivron rouge** évidé, épépiné et coupé en petits dés
2 c. à s. d'**huile végétale**
**sel** et **poivre**

**Pour servir** (facultatif)
100 ml de **crème fraîche**
quelques feuilles de **coriandre**

**Mélangez** la farine, le paprika, l'œuf et le lait jusqu'à la formation d'une pâte homogène. Incorporez les grains de maïs et le poivron rouge, salez et poivrez.

**Faites chauffer** l'huile végétale dans une poêle à feu moyen. Mettez-y des cuillerées à café pleines de pâte à beignets et faites frire jusqu'à ce que des bulles commencent à apparaître à la surface. Retournez-les et faites-les cuire de l'autre côté. Gardez au chaud pendant la cuisson du poisson. (Vous pouvez aussi préparer les beignets la veille et les réchauffer au four avant de les servir.)

**Faites chauffer** une poêle à feu vif et ajoutez l'huile d'olive. Assaisonnez les saint-pierre et faites-les cuire 2 minutes, puis retournez et poursuivez la cuisson 30 secondes. Déposez 1 cuillerée de crème fraîche sur chaque beignet puis placez un morceau de poisson dessus. Décorez d'une feuille de coriandre.

## petites cuillères de maïs doux, poivron et saint-pierre

**Mélangez** 250 g de maïs doux en boîte égoutté avec 1 poivron rouge évidé, épépiné et finement haché. Ajoutez 1 cuillerée à café de piment rouge finement haché, 1 cuillerée à soupe de coriandre ciselée et 1 cuillerée à soupe d'huile d'olive. Assaisonnez de sel et de poivre. Faites frire les saint-pierre comme indiqué ci-dessus. Disposez un peu de la préparation au maïs doux dans des cuillères à dessert en argent, recouvrez d'un morceau de poisson et arrosez de jus de citron vert pressé. Garnissez d'un brin de coriandre.

# petits nids de nouilles au crabe

Pour **20 petits nids**
Préparation **10 minutes**
Cuisson **11 à 15 minutes**

100 g de **fines nouilles aux œufs fraîches**
1 c. à s. d'**huile de tournesol** + un peu pour les moules
2 **oignons nouveaux** coupés en fines rondelles
2 gousses d'**ail** finement hachées
1 c. à c. de **gingembre frais** épluché et coupé en petits dés
1 **piment rouge** épépiné et coupé en petits dés
200 g de **chair de crabe**
2 c. à s. de **sauce douce au piment**
4 c. à s. de **coriandre** ciselée

**Huilez** 20 minimoules à tartelette antiadhésifs. Divisez les nouilles en 20 portions et mettez-en 1 dans chaque moule, en appuyant bien pour former un fond de tarte et en vous assurant que la base est bien couverte. Badigeonnez d'un peu d'huile et placez dans un four préchauffé à 180 °C 8 à 10 minutes afin que les nouilles soient croustillantes. Sortez-les des moules et laissez refroidir sur une grille.

**Faites chauffer** 1 cuillerée à soupe d'huile dans un grand wok ou une poêle antiadhésive et faites sauter les oignons nouveaux, l'ail, le gingembre et le piment 2 à 3 minutes. Ajoutez la chair de crabe et faites revenir encore 1 à 2 minutes, puis retirez du feu. Incorporez la sauce douce au piment et la coriandre et mélangez.

**Disposez** 1 cuillerée à café bombée de la préparation au crabe dans chaque nid de nouilles refroidi, et servez.

# linguine au crabe et au piment

**Faites cuire** 300 g de linguine. Égouttez et réservez.

**Faites chauffer** 2 cuillerées à soupe d'huile d'olive dans une grande poêle et faites revenir 1 gros piment rouge finement haché pendant 2 minutes. Incorporez 4 oignons nouveaux coupés en fines rondelles, 375 g de chair de crabe, le jus de 1 citron vert et 2 cuillerées à soupe de feuilles de coriandre ciselées. Ajoutez les linguine et mélangez bien tous les ingrédients. Assaisonnez avec 2 cuillerées à soupe d'huile d'olive et servez.

# bâtonnets de poulet frits

Pour **4 personnes**
Préparation **20 minutes**
Cuisson **6 à 8 minutes**

2 **œufs**
2 c. à s. de **lait**
100 g de **chapelure**
4 c. à s. de **parmesan** fraîchement râpé
3 **blancs de poulet** (environ 500 g) coupés en bâtonnets
25 g de **beurre**
2 c. à s. d'**huile végétale**
**sel** et **poivre**

**Salsa**
2 **tomates** coupées en dés
¼ de **concombre** coupé en dés
75 g de **grains de maïs,** décongelés si surgelés
1 c. à s. de **feuilles de coriandre** hachées

**Pour préparer** la salsa, mélangez tous les ingrédients dans un saladier.

**Battez** les œufs avec le lait, du sel et du poivre dans un autre saladier.

**Mélangez** la chapelure et le parmesan dans une assiette.

**Plongez** 1 bâtonnet de poulet dans l'œuf battu, puis enrobez-le du mélange chapelure-parmesan. Procédez de même avec le reste du poulet.

**Faites chauffer** le beurre et l'huile dans une grande poêle. Faites frire les bâtonnets de poulet 6 à 8 minutes, en les retournant plusieurs fois, jusqu'à ce qu'ils soient dorés uniformément. Servez-les avec la salsa.

## bâtonnets de saumon

**Découpez** 500 g de filet de saumon cru en longs morceaux. Mélangez 2 cuillerées à soupe de persil haché avec 100 g de chapelure pour en enrober chaque morceau de saumon. Faites-les frire 2 ou 3 minutes dans le beurre et l'huile, comme ci-dessus, jusqu'à ce qu'ils soient dorés (attention à ne pas les casser en les retournant). Mélangez 300 ml de yaourt nature avec 4 cuillerées à soupe de feuilles de menthe hachées et 3 cuillerées à soupe de concombre coupé en petits dés. Dressez le dip dans un bol et servez-le avec les bâtonnets de saumon.

# arancinis

Pour **20 arancinis**
Préparation **15 minutes**
+ préparation
et réfrigération du risotto
Cuisson **1 heure**

**Risotto**
50 g de **beurre**
1 **oignon** haché
300 g de **riz arborio, carnaroli**
150 ml de **vin blanc sec**
1 litre de **bouillon de bœuf** ou **de légumes** frémissant
½ c. à c. de filaments de **safran**
4 c. à s. de **parmesan** fraîchement râpé

2 c. à s. d'**huile d'olive**
1 petite **carotte** hachée
½ branche de **céleri** hachée
1 **échalote** hachée
150 g de **bœuf haché**
250 g de **tomates concassées** en boîte
1 c. à s. de **concentré de tomates**
75 g de **farine ordinaire**
2 **œufs** battus
250 g de **chapelure blanche fraîche**
**huile de tournesol** pour la friture

**La veille**, préparez le risotto. Faites revenir l'oignon dans la moitié du beurre fondu. Versez le riz et remuez 1 minute. Ajoutez le vin et remuez jusqu'à absorption du liquide. Versez 2 louches de bouillon, puis ajoutez le safran. Faites mijoter en remuant jusqu'à absorption du liquide. Continuez la cuisson en ajoutant le bouillon pendant 18 à 20 minutes. Hors du feu, ajoutez le parmesan et le reste de beurre. Remuez. Couvrez et laissez refroidir. Placez le risotto au réfrigérateur.

**Faites chauffer** l'huile d'olive dans une cocotte, à feu doux. Faites revenir la carotte, le céleri et l'échalote. Ajoutez le bœuf haché et laissez cuire 5 minutes, en émiettant la viande. Ajoutez les tomates concassées et le concentré de tomates. Portez à ébullition puis laissez mijoter 30 minutes. Laissez refroidir, couvrez puis placez 1 heure au frais.

**Mouillez** vos mains, prélevez 1 cuillerée à soupe de risotto. Façonnez des boulettes en enroulant le riz autour de 1 cuillerée à café de farce. Celle-ci doit être enfermée. Farinez les boulettes puis plongez-les dans les œufs battus et dans la chapelure. Faites chauffer l'huile de tournesol à 180 °C dans une casserole à bord haut. Plongez-y les boulettes, en plusieurs fois, et faites cuire 3 à 4 minutes.

## arancinis aux tomates et à la mozzarella

**Suivez** la recette du risotto au safran en remplaçant le safran par 6 cuillerées à soupe de coulis de tomate. Coupez 125 g de mozzarella en cubes. Façonnez les boulettes en enrobant les cubes de mozzarella dans le riz. Tournez-les dans la chapelure puis faites-les frire.

# beignets de légume

Pour **6 personnes**
Préparation **15 minutes**
Cuisson **15 minutes**

100 g de **chou-fleur**
100 g de **brocoli**
1 **poivron rouge**
1 **courgette**
1 **oignon**
75 g de **farine ordinaire** pour fariner les légumes
**huile de tournesol** pour la friture
6 brins de **persil plat**
**sel** et **poivre**

**Pâte à beignets**
2 **œufs** battus légèrement
1 c. à s. d'**huile d'olive**
300 ml de **bière blonde** bien froide
1 pincée de **sel**
225 g de **farine ordinaire** tamisée

**Mélangez** tous les ingrédients de la pâte à beignets dans un grand saladier. Remuez rapidement sans éliminer tous les grumeaux. Couvrez et laissez au réfrigérateur pendant que vous préparez les légumes.

**Détaillez** le chou-fleur et le brocoli en petits bouquets. Ôtez le pédoncule et les graines du poivron puis coupez-le en 8 bandes régulières, dans le sens de la longueur. Coupez la courgette en rondelles de 1 cm d'épaisseur et l'oignon en 8 quartiers. Versez la farine dans une assiette creuse. Salez et poivrez, puis farinez les légumes.

**Faites chauffer** de l'huile de tournesol à 180-190 °C dans une casserole à bord haut (un petit morceau de pain doit dorer en 30 secondes). Prenez 5 ou 6 morceaux de légume, éliminez l'excédent de farine puis tournez-les dans la pâte. Laissez la pâte s'égoutter puis plongez les légumes dans l'huile chaude. Faites dorer 3 minutes. Sortez les beignets de l'huile à l'aide d'une écumoire puis posez-les sur du papier absorbant. Quand tous les morceaux de légume sont cuits, farinez les brins de persil puis plongez-les dans l'huile 1 à 2 minutes. Salez les beignets de légume et servez aussitôt.

## pâte à beignets au basilic et au citron

**Préparez** la pâte comme ci-dessus, en ajoutant le zeste râpé de 1 citron et 3 cuillerées à soupe de basilic ciselé. Couvrez et laissez reposer au moins 30 minutes au réfrigérateur. Poursuivez comme ci-dessus. Vous pouvez remplacer les brins de persil par 8 filets d'anchois à l'huile d'olive, égouttés.

# tikkis aux petits pois et pommes de terre

Pour **4 personnes**
Préparation **30 minutes**
Cuisson **20 minutes**

- 1 c. à s. d'**huile de tournesol**
- 4 c. à c. de **graines de cumin**
- 1 c. à c. de **graines de moutarde noire**
- 1 petit **oignon** haché
- 2 c. à c. de **gingembre** râpé
- 2 **piments verts** épépinés et coupés en morceaux
- 625 g de **pommes de terre** coupées en dés et cuites à l'eau
- 200 g de **petits pois** frais
- 4 c. à s. de **jus de citron**
- 6 c. à s. de **coriandre fraîche** hachée
- 100 g de **farine de pois chiche** (besan)
- 25 g de **farine à levure incorporée**
- 50 g de **farine de riz**
- 1 grosse pincée de **curcuma** en poudre
- 2 c. à c. de **graines de coriandre** écrasées
- 350 ml d'**eau**
- **sel** et **poivre**
- **huile** pour la friture

**Faites chauffer** l'huile de tournesol dans un wok à feu moyen puis faites sauter les graines de cumin et de moutarde 1 à 2 minutes. Ajoutez l'oignon, le gingembre et les piments puis poursuivez la cuisson 3 à 4 minutes.

**Mettez** les pommes de terre et les petits pois dans le wok et faites-les revenir 3 à 4 minutes. Salez et poivrez bien, puis incorporez le jus de citron et la coriandre. Divisez le mélange en 25 portions et formez des petites boulettes. Réfrigérez pendant que vous préparez la pâte.

**Mélangez** les trois farines. Salez et poivrez bien, puis ajoutez le curcuma et les graines de coriandre. À l'aide d'un fouet, incorporez progressivement l'eau afin d'obtenir une pâte épaisse et lisse.

**Remplissez** un wok d'huile de tournesol à un tiers et faites-la chauffer jusqu'à 180-190 °C. Trempez les boulettes de pomme de terre dans la pâte, puis faites-les frire 1 à 2 minutes en plusieurs fois. Égouttez les tikkis sur du papier absorbant et servez-les chauds avec un chutney à la menthe.

## sandwichs aux tikkis

**Garnissez** des petits pains chauds avec des tikkis agrémentés de chutney froid à la menthe. Pour préparer le chutney, mixez les ingrédients suivants jusqu'à l'obtention d'un mélange onctueux : 100 ml de crème de noix de coco, 200 g de yaourt nature, 50 g de feuilles de menthe, 1 cuillerée à café de sucre en poudre, 2 cuillerées à soupe de jus de citron vert, sel et poivre.

# beignets de courgette aux épices

Pour **4 personnes**
Préparation **15 minutes**
Cuisson **10 minutes**

100 g de **farine de pois chiche** (besan)
1 c. à c. de **levure chimique**
½ c. à c. de **curcuma en poudre**
2 c. à c. de **coriandre en poudre**
1 c. à c. de **cumin en poudre**
1 c. à c. de **piment en poudre**
250 ml d'**eau de Seltz** fraîche
625 g de **courgettes** taillées en gros bâtonnets
**sel, huile de tournesol**

**Tamisez** la farine de pois chiche, la levure, le curcuma, la coriandre, le cumin et le piment dans un saladier. Salez et incorporez progressivement l'eau de Seltz afin de former une pâte épaisse. Ne mélangez pas trop.

**Remplissez** un wok d'huile de tournesol à un tiers et faites-la chauffer jusqu'à 180-190 °C ou jusqu'à ce qu'un petit morceau de pain soit doré en 30 secondes. Trempez les bâtonnets de courgette dans la pâte à beignets, puis faites frire les beignets en plusieurs fois dans l'huile bouillante 1 à 2 minutes. Retirez-les à l'aide d'une écumoire et égouttez-les sur du papier absorbant. Servez immédiatement avec un dip de yaourt nature épais.

**Accompagnez** ces beignets de raïta aux épices (ci-dessous).

# raïta aux épices

**Fouettez** 200 g de yaourt nature jusqu'à ce qu'il soit onctueux. Ajoutez 6 cuillerées à soupe de menthe fraîche finement hachée, 1 petit piment vert épépiné et coupé en petits morceaux et ½ cuillerée à café de cumin en poudre. Salez, puis parsemez de piment avant de servir.

**Vous pouvez aussi ajouter** au yaourt 1 concombre ou 1 tomate coupés en petits morceaux, ou encore 1 oignon rouge coupé en petits dés.

# pâtés impériaux

Pour **40 pièces**
Préparation **20 minutes**
+ trempage
Finition **40 minutes**

50 g de **vermicelles de soja** transparents
15 g de **champignons noirs** séchés
125 g de **porc** émincé
2 **échalotes** hachées
3 gousses d'**ail** écrasées
2,5 cm de **gingembre** frais, pelé et finement haché
½ c. à s. de **sauce soja**
10 **feuilles de riz**
2 **œufs** battus
**huile d'arachide** pour la friture
**poivre noir** moulu

**Dans deux saladiers**, faites tremper les vermicelles et les champignons dans de l'eau chaude 20 minutes environ. À l'aide de ciseaux, coupez les vermicelles en morceaux de 2,5 cm et hachez les champignons. Mélangez-les avec le porc, les échalotes, l'ail, le gingembre, la sauce soja et du poivre.

**Coupez** chaque feuille de riz en quatre. Badigeonnez les triangles obtenus avec l'œuf battu et laissez-les ramollir quelques minutes. Mettez 1 cuillerée à soupe bien pleine de garniture sur le côté arrondi de la feuille de riz. Rabattez les bords et roulez-les vers la pointe. Recommencez avec le reste de la garniture et des feuilles de riz. Couvrez et placez au réfrigérateur.

**Au moment de servir**, faites chauffer l'huile dans une friteuse et vérifiez sa température en plongeant un croûton de pain qui doit frire en 2 minutes. Plongez 6 rouleaux de printemps et faites-les cuire 6 à 8 minutes. Recommencez avec le reste des rouleaux et servez avec de la sauce pimentée aigre-douce.

## pâtés impériaux aux crevettes

**Préparez** les vermicelles, l'ail et le gingembre en suivant la recette. Mélangez 75 g de germes de soja, 1 petite carotte râpée, 3 ciboules émincées, 2 cuillerées à soupe de coriandre fraîche hachée, 150 g de crevettes cuites décortiquées et 2 cuillerées à café de sauce de poisson. Humectez les feuilles de riz avec l'œuf battu mais laissez-les entières. Répartissez la garniture sur les feuilles de riz, rabattez les bords et roulez les feuilles de riz. Faites cuire comme indiqué ci-dessus.

# frittata lardons-champignons

Pour **4 personnes**
Préparation **5 minutes**
Cuisson **25 à 30 minutes**

8 **champignons portobello** ou **gros champignons de Paris** (500 g au total)
1 gousse d'**ail** finement hachée (facultatif)
**huile d'olive** en spray
4 tranches de **lard fumé maigre**
6 gros **œufs**
1 c. à s. de **ciboulette** ciselée + un peu pour décorer
1 c. à s. de **moutarde à l'ancienne**
1 noix de **beurre**
4 grandes tranches de **pain au levain**
**sel** et **poivre**

**Mettez** les champignons sur une plaque recouverte de papier d'aluminium et parsemez l'ail haché. Vaporisez un peu d'huile d'olive, salez, poivrez et faites cuire au four à 180 °C pendant 18 à 20 minutes. Laissez tiédir.

**Placez** les tranches de lard sur une plaque striée recouverte de papier d'aluminium et passez sous le gril 5 à 6 minutes pour qu'elles soient croustillantes. Laissez tiédir, puis coupez en larges bandes.

**Mettez** les œufs, la ciboulette et la moutarde dans un saladier, battez légèrement et poivrez.

**Faites chauffer** une grande poêle avec poignée allant au four, puis faites fondre le beurre. Versez le mélange à base d'œufs et laissez cuire 1 à 2 minutes, puis ajoutez le lard et les champignons entiers, pied vers le haut. Laissez cuire encore 2 à 3 minutes jusqu'à ce que le mélange ait presque pris. Placez la poêle sous le gril 2 à 3 minutes, puis laissez tiédir.

**Faites griller** le pain et disposez-le sur des assiettes. Coupez des parts de frittata et servez-les sur le pain, décorées de ciboulette.

## quiche aux champignons et au lard

**Étalez** 375 g de pâte brisée au blé complet, foncez un moule à tarte de 23 cm légèrement huilé et faites cuire à blanc 12 à 15 minutes. Faites cuire les champignons et le lard puis répartissez-les sur la pâte. Versez le mélange à base d'œufs et remettez au four 25 à 30 minutes.

# minibarbecue

# brochettes de thon épicé

Pour **4 personnes**
Préparation **10 minutes**
+ marinade
Cuisson **6 minutes**

1 c. à s. de **curcuma**
1 c. à s. de **cumin moulu**
1 c. à s. de **coriandre moulue**
3,5 cm de **gingembre frais** épluché et haché
2 c. à s. d'**huile d'olive**
2 gousses d'**ail** écrasées
400 g de **steak de thon** frais coupé en morceaux
200 ml de **yaourt nature**
le **zeste** finement râpé de 1 **citron**
**huile végétale**
**sel** et **poivre**

**Mettez** le curcuma, le cumin, la coriandre, le gingembre, l'huile d'olive et 1 gousse d'ail dans un récipient et mélangez bien. Ajoutez le thon, en enrobant tous les morceaux de la préparation. Couvrez et laissez mariner au réfrigérateur pendant au moins 1 heure, ou si possible toute la nuit.

**Mélangez** le yaourt avec la gousse d'ail restante et le zeste de citron. Assaisonnez de sel et de poivre. Faites chauffer un gril en fonte à feu vif et badigeonnez-le d'un peu d'huile végétale. Saisissez les morceaux de thon, en plusieurs fois, pendant 1 minute d'un côté et 30 secondes de l'autre. Sortez-les de la poêle et servez avec des brochettes en bambou pour pouvoir les tremper dans la sauce au yaourt.

# thon à la mayonnaise au wasabi

**Badigeonnez** bien 400 g de steak de thon frais détaillé en morceaux avec un peu d'huile végétale. Assaisonnez de sel et d'un peu de poivre du Sichuan moulu, puis saisissez sur un gril en fonte chaud comme indiqué ci-dessus.

**Mélangez** 5 cuillerées à soupe de mayonnaise avec 1 cuillerée à soupe de wasabi en tube et 1 cuillerée à café de jus de citron vert. Servez avec le thon.

# brochettes de saint-jacques et prosciutto

Pour **20 brochettes**
Préparation **20 minutes**
+ marinade
Cuisson **2 à 4 minutes**

2 gousses d'**ail** écrasées
1 **piment rouge séché** écrasé
4 c. à s. d'**huile d'olive**
le jus de ½ **orange**
1 c. à c. d'**origan séché**
20 grosses **noix de saint-jacques** nettoyées, sans corail (facultatif)
10 fines tranches de **prosciutto** coupées chacune en 2 lanières
20 feuilles de **basilic**
10 **tomates semi-séchées** coupées en deux
**sel**

**Mettez** l'ail, le piment, l'huile d'olive, le jus d'orange et l'origan dans un petit récipient, mélangez bien et assaisonnez de sel.

**Déposez** les noix de saint-jacques dans un récipient peu profond, sans les superposer, et versez la préparation à l'ail et au piment dessus. Couvrez et laissez mariner au réfrigérateur pendant 15 à 20 minutes.

**Enveloppez** chaque noix de saint-jacques de 1 tranche de prosciutto et piquez-y une brochette en métal ou en bambou préalablement trempée dans de l'eau pour faire tenir le tout. Ajoutez 1 feuille de basilic et 1 moitié de tomate semi-séchée sur chaque brochette.

**Disposez** les brochettes à environ 6 cm d'un gril préchauffé à température élevée et faites cuire pendant 1 à 2 minutes de chaque côté : les noix de saint-jacques doivent être juste cuites, elles durciront si vous les faites cuire trop longtemps. Servez immédiatement.

# sauce aux agrumes

**Mettez** les jus de ½ orange et de ½ pamplemousse dans une petite casserole. Portez à ébullition et faites réduire jusqu'à l'obtention d'une consistance épaisse et sirupeuse. Versez dans un bol et incorporez 3 cuillerées à soupe d'huile d'olive. Assaisonnez de sel et de poivre, et ajoutez un peu de miel si la sauce est trop acide.Servez cette sauce avec les brochettes de saint-jacques et prosciutto.

# brochettes crevettes-bacon-tomates

Pour **4 personnes**
Préparation **15 minutes**
+ trempage
Cuisson **4 à 6 minutes**

4 tranches de **bacon** sans couenne
12 grosses **crevettes** crues décortiquées, déveinées mais avec la queue
12 **tomates cerises**
12 feuilles de **basilic**
**huile en spray**
**sel** et **poivre noir**
1 **citron** pour servir

**Faites tremper** 12 petites brochettes en bambou dans de l'eau froide pendant 30 minutes. Coupez chaque tranche de bacon en trois, en diagonale, puis étirez les morceaux dans la longueur avec le dos d'un couteau pour les affiner.

**Enveloppez** avec précaution chaque crevette dans 1 morceau de bacon. Enfilez-en 1 par brochette avec 1 tomate cerise et 1 feuille de basilic. Assaisonnez d'un peu de sel et de poivre.

**Vaporisez** les brochettes d'un peu d'huile et faites-les cuire au barbecue à température élevée pendant 2 à 3 minutes de chaque côté. Arrosez de jus de citron et servez chaud.

# dattes au chèvre et au bacon

**Étirez** 4 tranches de bacon en suivant la méthode ci-dessus. Incisez 12 grosses dattes medjool pour les ouvrir et retirez les noyaux.

**Mettez** 1 cuillerée à café de fromage de chèvre dans chaque incision, puis enveloppez chaque datte dans un morceau de bacon.

**Enfilez-les** sur des brochettes en bambou préalablement trempées dans de l'eau et faites cuire au barbecue 2 à 3 minutes de chaque côté.

# brochettes saint-jacques et chorizo

Pour **4 personnes**
Préparation **10 minutes**
+ marinade
Cuisson **4 à 6 minutes**

12 **noix de saint-jacques** sans corail
12 grandes **feuilles de sauge**
150 g de **chorizo** coupé en 12 rondelles de 1 cm d'épaisseur
2 c. à s. d'**huile d'olive vierge extra**
1 c. à s. de **jus de citron**
1 gousse d'**ail** écrasée
**sel** et **poivre noir**

**Faites tremper** 12 petites brochettes en bambou dans de l'eau froide pendant 30 minutes.

**Enveloppez** chaque noix de saint-jacques dans 1 feuille de sauge et enfilez-en 1 par brochette avec 1 rondelle de chorizo. Mélangez l'huile d'olive, le jus de citron, l'ail, du sel et du poivre, et arrosez-en les brochettes. Laissez mariner pendant 1 heure.

**Faites cuire** les brochettes au barbecue à température élevée pendant 2 à 3 minutes de chaque côté jusqu'à ce que les noix de saint-jacques soient cuites. Servez immédiatement.

# noix de saint-jacques au pesto

**Salez** et poivrez légèrement 12 noix de saint-jacques dans leur demi-coquille.

**Arrosez-les** d'un peu d'huile et faites-les cuire, côté coquille vers le bas, au barbecue à température élevée pendant 3 à 4 minutes (elles vont cuire à travers la coquille).

**Recouvrez** de 1 cuillerée à soupe de pesto avant de servir.

# brochettes de lotte aux crevettes

Pour **4 personnes**
Préparation **15 minutes**
+ trempage et marinade
Cuisson **4 à 6 minutes**

8 grands brins de **romarin**
500 g de **filets de lotte** coupés en 16 gros dés
16 **crevettes tigrées crues** décortiquées, déveinées
2 gousses d'**ail** écrasées
le **zeste** râpé et le **jus** de 1 **citron**
1 ½ c. à s. d'**huile d'olive vierge extra**
**sel** et **poivre noir**

**Aïoli**
3 **jaunes d'œufs**
1 c. à s. de **jus de citron**
2 c. à c. de **vinaigre de vin blanc**
1 c. à c. de **moutarde de Dijon**
2 à 4 gousses d'**ail** écrasées
300 ml d'**huile d'olive**
**sel** et **poivre blanc**

**Détachez** les feuilles de romarin des brins (laissez-en quelques-unes à l'extrémité). Coupez l'autre extrémité des brins en biais. Laissez tremper les brins 30 minutes dans de l'eau froide. Hachez finement 1 cuillerée à soupe de romarin.

**Enfilez** 2 morceaux de lotte sur les brochettes de romarin, en alternant avec 2 crevettes. Placez-les dans un plat peu profond.

**Mélangez** le romarin haché, l'ail, le zeste de citron, du sel et du poivre noir avec l'huile d'olive, versez sur les brochettes et laissez mariner 1 heure.

**Préparez** l'aïoli : mixez brièvement les jaunes d'œufs, le jus de citron, le vinaigre, la moutarde, l'ail, du sel et du poivre jusqu'à ce que le mélange soit mousseux. Ajoutez l'huile, tout en mixant, jusqu'à ce que la sauce soit épaisse. Allongez avec un peu d'eau bouillante si besoin. Ajustez l'assaisonnement.

**Faites cuire** les brochettes 2 à 3 minutes de chaque côté au barbecue à température élevée. Versez le jus de citron dessus et servez avec l'aïoli au citron.

## lotte grillée en robe de jambon

**Enveloppez** 4 filets de lotte de 200 g chacun dans 4 grandes tranches de jambon de Parme et faites tenir avec des piques. Badigeonnez d'huile et faites cuire 5 à 6 minutes au barbecue, en retournant à mi-cuisson. Laissez reposer 5 minutes. Servez avec l'aïoli et une salade de roquette.

# brochettes d'espadon, sauce tahini

Pour **4 personnes**
Préparation **20 minutes**
+ trempage et marinade
Cuisson **4 à 6 minutes**

2 c. à c. de **curcuma moulu**
1 c. à c. de **cannelle moulue**
le **zeste** râpé de 1 citron
2 c. à s. d'**huile d'olive vierge extra**
1 kg de **steaks d'espadon** détaillés en dés
8 **tortillas de blé**
100 g de **mesclun**
4 **tomates mûres** coupées en quartiers
feuilles de **menthe**
**sel** et **poivre noir**

**Sauce tahini**
150 g de **yaourt à la grecque**
2 c. à c. de **tahini**
1 c. à c. de **jus de citron**
1 petite gousse d'**ail** écrasée
**sel** et **poivre noir**

**Laissez tremper** 8 doubles brochettes en bambou (ou des brochettes en bambou classiques si vous préférez) dans de l'eau froide pendant 30 minutes. Mélangez le curcuma, la cannelle, le zeste de citron, l'huile d'olive, du sel et du poivre dans un récipient peu profond. Enrobez les dés d'espadon de ce mélange, laissez-les mariner 15 minutes, puis enfilez-les sur les brochettes. Faites cuire au barbecue à température élevée pendant 2 à 3 minutes de chaque côté.

**Mélangez** les ingrédients de la sauce tahini dans un bol. Assaisonnez de sel et de poivre.

**Disposez** la moitié des tortillas sur des assiettes et répartissez la moitié du mesclun, des tomates et de la menthe. Ajoutez 1 brochette d'espadon et un peu de sauce tahini. Repliez les tortillas sur la garniture et mettez-les sur un côté des assiettes. Répétez l'opération avec le reste des tortillas et de la garniture, puis servez.

## sandwichs à l'espadon grillé

**Salez et poivrez** 4 steaks d'espadon de 200 g chacun puis faites-les cuire au barbecue 1 minute à 1 minute 30 de chaque côté. Faites légèrement griller 8 tranches de pain au levain. Disposez sur la moitié d'entre elles 1 steak d'espadon, de la roquette et un peu de pesto, puis recouvrez du reste de tranches de pain et servez.

# brochettes de gambas

Pour **4 personnes**
Préparation **10 minutes** + marinade
Cuisson **26 à 31 minutes**

12 **gambas** décongelées si elles sont surgelées, décortiquées mais avec la queue, et déveinées
175 g de **riz à long grain**
175 g de **petits pois** surgelés
8 tranches de **bacon sans couenne** coupées en deux dans la longueur et roulées
50 g de **beurre**
125 g de **champignons** parés et coupés en tranches
**sel** et **poivre noir**

**Marinade au balsamique**
5 c. à s. d'**huile d'olive**
2 c. à s. de **vinaigre balsamique**
2 c. à s. d'**origan** ou de **marjolaine**, haché
2 gousses d'**ail** écrasées
**poivre noir**

**Mélangez** tous les ingrédients de la marinade dans un récipient peu profond. Ajoutez les gambas et enrobez-les du mélange. Couvrez et laissez mariner 1 heure.

**Faites cuire** le riz dans une casserole d'eau bouillante salée, 12 à 15 minutes. Égouttez-le. Faites cuire les petits pois dans une autre casserole d'eau frémissante salée pendant 5 minutes. Égouttez-les.

**Égouttez** les gambas en réservant la marinade, et enfilez-les sur 4 brochettes en métal, en alternant avec les rouleaux de bacon. Faites-les cuire 6 à 8 minutes au barbecue, en les retournant plusieurs fois.

**Faites revenir** les champignons dans le beurre 3 minutes à petit feu. Incorporez le riz et les petits pois dans la casserole et assaisonnez. Dressez sur un plat. Disposez les brochettes sur le riz puis servez.

## brochettes de poissons à la menthe

**Faites mariner** 250 g de lotte et 250 g de saumon détaillés en dés dans une marinade au yaourt et au citron vert (mélangez 150 g de yaourt nature, 2 cuillerées à soupe de menthe hachée, le zeste râpé et le jus de ½ citron vert, 1 gousse d'ail écrasée, ½ cuillerée à café de cumin, 1 pincée de sucre en poudre, sel et poivre noir) pendant 30 minutes. Sortez les dés de poisson de la marinade et enfilez-les sur des brochettes en bambou préalablement trempées dans de l'eau. Faites cuire 3 à 4 minutes de chaque côté au barbecue à température moyenne à élevée. Servez avec du riz aux petits pois comme ci-dessus.

# crevettes à la sauce asiatique

Pour **4 personnes**
Préparation **10 minutes**
+ marinade
Cuisson **6 minutes**

24 grosses **crevettes** crues décortiquées

**Marinade**
4 c. à s. d'**huile d'olive**
2 gousses d'**ail** tranchées
2 c. à c. de **gingembre frais** épluché et râpé
1 **piment rouge fort** épépiné et tranché
4 **feuilles de combava** coupées en morceaux
1 tige de **citronnelle** émincée
2 c. à s. de **sauce de poisson thaïe**
2 c. à s. de **jus de citron vert**
4 c. à c. de **vergeoise**
**sel** et **poivre noir**

**Mélangez** tous les ingrédients de la marinade dans un plat non métallique. Ajoutez les crevettes et remuez bien, puis laissez mariner 30 minutes. Faites tremper 24 petites brochettes en bambou dans de l'eau froide pendant 30 minutes.

**Enfilez** 1 crevette sur chaque brochette et versez la marinade dans une petite casserole.

**Faites cuire** les crevettes au barbecue à température élevée 2 minutes de chaque côté, puis disposez-les sur un plat. Faites chauffer la marinade jusqu'à ébullition puis versez-la sur les crevettes. Garnissez d'un peu de coriandre, de menthe et de basilic thaï hachés. Parsemez de tranches de piment rouge avant de servir.

# salade à l'asiatique

**Mettez** 125 g de mesclun dans un saladier. Ajoutez 1 carotte finement râpée, ½ concombre épépiné et coupé en fines rondelles, et 50 g de pousses de soja.

**Fouettez** 2 cuillerées à soupe d'huile d'olive vierge extra avec 2 cuillerées à café de sauce soja claire, 1 cuillerée à café de jus de citron vert et 1 cuillerée à café de miel liquide. Versez cette sauce sur la salade et remuez. Servez avec des crevettes.

# brochettes crevettes-mangue

Pour **4 personnes**
Préparation **10 minutes**
+ marinade
Cuisson **4 à 5 minutes**

16 grosses **crevettes tigrées** crues, décortiquées et déveinées
1 c. à s. d'**huile de tournesol**
4 c. à s. de **jus de citron**
2 gousses d'**ail** écrasées
1 c. à c. de **gingembre frais** râpé
1 c. à c. de **piment en poudre**
1 c. à s. de **miel** clair
1 c. à c. de **sel de mer**
1 grosse **mangue** pelée, dénoyautée, taillée en 16 bouchées

**Mettez** les crevettes dans un saladier et ajoutez l'huile de tournesol, le jus de citron, l'ail, le gingembre, le piment en poudre, le miel et le sel. Mélangez bien et laissez mariner environ 10 minutes.

**Retirez** les crevettes de la marinade et préparez 8 brochettes en enfilant en alternance 2 crevettes et 2 morceaux de mangue sur des piques en bois que vous aurez préalablement fait tremper dans de l'eau.

**Placez** les brochettes sous le gril chaud, badigeonnez-les avec la marinade restante et faites-les griller 2 minutes de chaque côté afin que les crevettes soient roses et bien cuites. Disposez 2 brochettes sur chaque assiette et accompagnez-les d'une salade verte.

# brochettes à l'ananas

**Si vous préférez** des brochettes moins sucrées, au goût moins contrasté, remplacez la mangue par un ananas bien mûr.

**Pelez** l'ananas, ôtez le centre et coupez-le en gros morceaux.

# brochettes de crevettes marinées

Pour **4 personnes**
Préparation **20 minutes**
Finition **7 à 8 minutes**

400 g de **grosses crevettes crues** non décortiquées
le **zeste** et le **jus** de 1 **citron**
le **zeste** finement râpé et le **jus** de 1 **citron vert**
1 c. à s. d'**huile de sésame**
2 gousses d'**ail** finement hachées
**sel** et **poivre**

**Salade de concombre**
½ **concombre**
¼ à ½ **piment rouge** doux, épépiné et haché
2 c. à s. de **coriandre** hachée
1 c. à s. de **vinaigre de cidre**
1 c. à c. de **sauce de poisson**
½ c. à c. de **sucre en poudre**
**coriandre** fraîche et **quartiers de citron vert** pour décorer (facultatif)

**Enfilez** les crevettes sur 8 brochettes en bois. Dans un plat en céramique pouvant contenir les brochettes, mélangez le zeste finement râpé et le jus de citron et de citron vert avec l'huile de sésame et l'ail. Salez et poivrez. Ajoutez les brochettes et badigeonnez-les de marinade. Couvrez et placez au réfrigérateur.

**Coupez** le concombre en tranches très fines et placez-les dans un plat creux. Ajoutez le piment, la coriandre, le vinaigre, la sauce de poisson et le sucre. Couvrez et placez au réfrigérateur.

**Au moment de servir**, faites cuire les brochettes sous le gril en veillant à ne pas mettre les parties en bois sous le feu. Faites cuire 7 à 8 minutes en tournant une fois. Mélangez la salade et versez-la dans des petits bols posés sur des assiettes. Ajoutez 2 brochettes par assiette et décorez de brins de coriandre et de quartiers de citron vert si vous le souhaitez.

## brochettes de bœuf mariné

**Coupez** 625 g d'aloyau en cubes et enfilez-les sur les brochettes. Faites-les mariner dans 3 cuillerées à soupe de sauce teriyaki et le zeste et le jus de 1 citron vert. Faites griller en suivant les indications ci-dessus et servez avec la salade de concombre.

# keftas aux amandes

Pour **4 personnes**
Préparation **15 minutes**
Cuisson **5 minutes**
Finition **10 minutes**

6 c. à s. d'**huile végétale**
1 **oignon** haché
½ c. à c. de **piment séché** émietté
2 gousses d'**ail** hachées grossièrement
1 c. à s. de **pâte de curry** moyennement forte
425 g de gros **haricots blancs** en boîte, rincés et égouttés
125 g de **poudre d'amandes**
75 g d'**amandes salées**, hachées
1 petit **œuf**
200 ml de **yaourt à la grecque**
2 c. à s. de **menthe** hachée
1 c. à s. de **jus de citron**
8 **mininaans**
**sel** et **poivre**

**Faites chauffer** 3 cuillerées à soupe d'huile dans une poêle, puis faites frire l'oignon 4 minutes. Ajoutez le piment, l'ail et la pâte de curry puis faites revenir 1 minute.

**Mixez** les haricots blancs, la poudre d'amandes, les amandes salées, l'œuf et un peu de sel et de poivre jusqu'à obtenir une pâte.

**Avec les mains farinées**, façonnez 8 saucisses de 2,5 cm d'épaisseur environ autour d'une brochette en métal. Couvrez et placez au réfrigérateur.

**Mélangez** le yaourt et la menthe dans un petit bol, salez et poivrez. Dans un autre bol, mélangez 2 cuillerées à soupe d'huile, le jus de citron, salez et poivrez. Couvrez les deux bols et placez-les au réfrigérateur.

**Au moment de servir**, placez les keftas sur une grille couverte de papier d'aluminium et badigeonnez-les de 1 cuillerée à soupe d'huile. Faites cuire les brochettes sous le gril 5 minutes en les tournant une fois. Badigeonnez les brochettes de vinaigrette au citron. Coupez les naans chauds en deux et glissez la brochette à l'intérieur puis ajoutez de la sauce au yaourt.

## keftas d'agneau épicés

**Mélangez** 500 g d'agneau haché avec 4 ciboules hachées, 1 cuillerée à café de cumin moulu et 1 cuillerée à café de coriandre moulue. Salez et poivrez. Formez des boulettes et placez-les au réfrigérateur. Enfilez les boulettes sur des brochettes en métal et faites-les griller 10 minutes en les retournant. Servez avec du yaourt et des naans.

# brochettes de poulet tandoori

Pour **4 personnes**
Préparation **15 minutes**
Réfrigération **24 à 48 heures**
Cuisson **6 à 8 minutes**

750 g de **chair de cuisses de poulet** sans la peau, coupée en gros dés
150 g de **yaourt nature** légèrement fouetté
100 ml de **crème liquide**
2 c. à c. d'**ail** écrasé
2 c. à c. de **gingembre frais** râpé
2 c. à s. de **curry médium** en poudre
4 c. à s. de **garam masala**
1 c. à c. de **cardamome** en poudre
2 c. à s. de **purée de tomates**
4 c. à s. de **jus de citron**
1 c. à s. d'**épices tandoori** en poudre

**Salade d'oignons rouges**
4 **oignons rouges** moyens
**sel** et **poivre**
**jus** de 2 **citrons**

**Mettez** le poulet dans un grand récipient non métallique. Mélangez tous les autres ingrédients, salez et poivrez bien, puis versez la marinade sur le poulet. Couvrez et réfrigérez 24 à 48 heures.

**Sortez** le poulet du réfrigérateur et laissez-le se réchauffer à température ambiante.

**Pendant ce temps**, émincez les oignons rouges et disposez-les dans un saladier. Salez, poivrez et arrosez de jus de citron. Couvrez et laissez reposer le tout 30 minutes. Mélangez et servez en accompagnement des brochettes.

**Répartissez** les dés de poulet sur 8 à 12 brochettes en métal, placez-les sur une grille légèrement huilée en faisant attention qu'elles ne se chevauchent pas et badigeonnez-les d'un peu d'huile de tournesol à l'aide d'un pinceau.

**Faites-les cuire** à gril moyen 3 à 4 minutes de chaque côté. Si vous préférez, vous pouvez les cuire 8 à 10 minutes au four préchauffé à 200 °C. Servez les brochettes avec la salade d'oignons rouges et ½ citron vert.

## poulet rôti tandoori

**Faites mariner** un poulet entier dans le même mélange. Couvrez et réfrigérez 24 à 48 heures. Laissez le poulet se réchauffer à température ambiante et faites-le rôtir au four préchauffé à 200 °C pendant 1 h 15.

# brochettes de poulet satay

Pour **4 personnes**
Préparation **10 minutes**
+ trempage et marinade
Cuisson **4 à 6 minutes**

4 **filets de poulet** coupés en trois dans la longueur
**coriandre** hachée pour garnir

**Marinade**
4 c. à s. de **sauce soja**
4 c. à s. de **jus de citron vert**
1 gousse d'**ail** écrasée
1 c. à c. de **curry en poudre**
1 c. à c. de **beurre de cacahuète**
1 pincée de **piment séché**

**Sauce satay**
1 c. à s. de **beurre de cacahuète**
2 c. à s. de **jus de citron vert**
1 c. à c. de **curry en poudre**
1 gousse d'**ail** écrasée
4 c. à s. d'**eau**

**Laissez tremper** 12 brochettes en bambou dans de l'eau froide pendant 30 minutes. Mettez tous les ingrédients de la marinade dans un plat peu profond et mélangez jusqu'à homogénéité.

**Enfilez** les morceaux de poulet sur les brochettes. Placez-les dans le plat avec la marinade, enrobez-les et laissez mariner 2 heures à température ambiante.

**Mélangez** tous les ingrédients de la sauce satay dans un petit bol.

**Faites cuire** les brochettes au barbecue à température élevée pendant 2 à 3 minutes de chaque côté. Garnissez de coriandre hachée et servez avec la sauce satay pour les tremper.

## brochettes de bœuf satay

**Coupez** 500 g de filet de bœuf en lanières et enfilez-les en zigzag sur 12 brochettes préalablement trempées dans de l'eau. Laissez mariner dans la sauce satay comme ci-dessus, puis faites cuire au barbecue à température élevée pendant 2 à 3 minutes de chaque côté.

# brochettes d'agneau mariné

Pour **6 personnes**
Préparation **15 minutes**
+ marinade
Cuisson **10 à 15 minutes**

375 g d'**agneau** haché
1 **oignon** haché
2 c. à c. de **jus de citron**
1 **œuf** battu
2 c. à s. de **farine**
2 c. à s. de **coriandre** hachée
½ c. à c. de **sel**
**huile**

**Marinade**
4 c. à s. de **yaourt nature**
1 c. à s. de **curry en poudre**
1 gousse d'**ail** écrasée

**Pour garnir**
**oignon rouge** émincé
**poivron rouge** émincé
1 c. à s. de **persil** haché
1 c. à c. de **paprika**
quartiers de **citron vert**

**Mélangez** tous les ingrédients sauf l'huile dans un grand récipient jusqu'à homogénéité. Façonnez 6 petites saucisses de taille égale avec cette préparation.

**Préparez** la marinade. Mélangez le yaourt, le curry et l'ail dans un plat. Enfilez les saucisses sur des brochettes en métal huilées et laissez-les mariner pendant 2 à 4 heures.

**Sortez** les brochettes de la marinade. Badigeonnez les saucisses d'huile et faites cuire 10 à 15 minutes au barbecue à température moyenne à élevée, en les retournant de temps en temps.

**Servez** chaud. Garnissez d'oignon, de poivron et de persil, saupoudrez de paprika et arrosez de jus de citron vert.

# kebabs

**Préparez** et faites cuire les saucisses d'agneau comme ci-dessus, puis fourrez-en 6 pitas chaudes en ajoutant des lanières de laitue, des rondelles de tomate et de la sauce tahini (voir page 180).

# hot dogs à la pancetta et salsa rossa

Pour **4 personnes**
Préparation **15 minutes**
Cuisson **35 minutes**

6 tranches de **pancetta fumée**
12 petites **saucisses italiennes** ou **chipolatas**
1 gros **oignon** coupé en 8 quartiers épais
12 grandes feuilles de **laurier**

**Salsa rossa**
1 gros **poivron rouge**
1 c. à s. d'**huile d'olive vierge extra**
2 gousses d'**ail** écrasées
2 grosses **tomates mûres** pelées et hachées
½ c. à c. de **poivre de Cayenne**
1 c. à s. de **vinaigre de vin rouge**
**sel** et **poivre noir**

**Préparez** la salsa rossa. Faites cuire le poivron au barbecue à température élevée jusqu'à ce qu'il noircisse, puis enfermez-le dans un sac en plastique. Une fois qu'il est refroidi, épluchez-le, épépinez-le et hachez la chair.

**Faites chauffer** l'huile d'olive dans une casserole et faites revenir l'ail 3 minutes. Ajoutez les tomates et le poivre de Cayenne, puis laissez mijoter 15 minutes à petit feu. Incorporez la chair du poivron et le vinaigre, salez et poivrez, puis laissez mijoter encore 5 minutes pour que le surplus de liquide s'évapore. Mixez jusqu'à obtenir une consistance lisse, puis réservez.

**Coupez** les tranches de pancetta en deux en diagonale et enveloppez 1 saucisse dans chacune. Enfilez les saucisses sur 4 grandes brochettes en métal, en alternant avec les quartiers d'oignon et les feuilles de laurier, de façon que chaque brochette soit composée de 3 saucisses, 2 quartiers d'oignon et 3 feuilles de laurier. Faites cuire 5 minutes au barbecue. Servez avec la salsa rossa, réchauffée si nécessaire.

## sandwichs au poulet grillé

**Coupez** 2 filets de poulet en deux, en diagonale, pour obtenir 4 filets fins, et assaisonnez bien. Faites cuire au barbecue à température élevée 4 à 5 minutes de chaque côté, puis laissez reposer 3 minutes. Faites légèrement griller 4 pains à hamburger et remplissez chacun de 1 filet de poulet, d'un peu de salsa rossa et de 25 g de roquette.

# poulet en brochettes de citronnelle

Pour **6 personnes**
Préparation **20 minutes** + marinade
Cuisson **6 à 8 minutes**

500 g de **cuisses de poulet** désossées et sans peau, coupées en lanières
2 gousses d'**ail** écrasées
2 c. à c. de **gingembre frais** épluché et râpé
1 **piment rouge fort** épépiné et finement haché
le **zeste** râpé de 1 **citron vert**
2 c. à s. de **sauce soja claire**
1 c. à s. d'**huile de sésame**
1 c. à c. de **sucre en poudre**
¼ de c. à c. de **poivre noir**
6 grandes tiges de **citronnelle**

**Mettez** le poulet dans un plat peu profond non métallique. Ajoutez tous les autres ingrédients sauf les tiges de citronnelle, mélangez et laissez mariner 1 heure.

**Retirez** les premières couches des tiges de citronnelle pour les affiner. Taillez l'extrémité la plus fine en pointe puis enfilez dessus les lanières de poulet mariné, en zigzag. Faites cuire 3 à 4 minutes de chaque côté au barbecue à température élevée, en badigeonnant de marinade à mi-cuisson. Servez chaud.

# brochettes de poulet au yaourt

**Mélangez** 150 g de yaourt à la grecque avec 2 cuillerées à café de coriandre moulue, 1 cuillerée à café de cumin moulu, 1 cuillerée à café de cannelle moulue, 2 gousses d'ail écrasées, le zeste râpé et le jus de ½ citron, 1 cuillerée à café de miel liquide, un peu de sel et de poivre.

**Préparez** 500 g de cuisses de poulet désossées comme ci-dessus et faites-les mariner 1 heure dans le mélange au yaourt. Enfilez les lanières de poulet sur 6 brochettes en métal et faites griller comme ci-dessus. Servez avec de la roquette.

# ailes de poulet épicées

Pour **4 personnes**
Préparation **10 minutes**
+ marinade
Cuisson **8 à 10 minutes**

8 **ailes de poulet**
**persil plat** pour décorer
quartiers de **citron vert** pour servir

**Marinade**
1 gousse d'**ail**
5 cm de **gingembre frais** épluché et haché
le **jus** et le **zeste** râpé de 2 **citrons verts**
2 c. à s. de **sauce soja claire**
2 c. à s. d'**huile d'arachide**
2 c. à c. de **cannelle moulue**
1 c. à c. de **curcuma moulu**
2 c. à s. de **miel liquide**
**sel**

**Dip au poivron jaune**
2 **poivrons jaunes**
2 c. à s. de **yaourt nature**
1 c. à s. de **sauce soja foncée**
1 c. à s. de **coriandre** hachée
**poivre noir**

**Faites tremper** 8 brochettes en bambou 30 minutes dans de l'eau froide. Mixez les ingrédients de la marinade dans un robot. Disposez les ailes de poulet dans un plat peu profond, versez la marinade dessus et enrobez-les. Couvrez et laissez mariner 1 à 2 heures.

**Mettez** les poivrons sur un barbecue à température élevée 10 minutes, en les retournant de temps en temps, jusqu'à ce que la peau noircisse et cloque. Enfermez-les dans un sac en plastique et laissez refroidir. Pelez-les, épépinez-les et retirez les membranes blanches. Mixez la chair avec le yaourt. Versez dans un bol, assaisonnez de sauce soja et de poivre, puis incorporez la coriandre. Couvrez et laissez au frais jusqu'à utilisation.

**Sortez** le poulet de la marinade, enfilez-le sur les brochettes et faites cuire au barbecue à température élevée 4 à 5 minutes de chaque côté, en arrosant du reste de la marinade. Garnissez de persil, puis servez avec le dip et quelques quartiers de citron vert.

## crevettes épicées

**Préparez** la marinade comme ci-dessus, mais ne mettez que 1 cuillerée à café de miel. Versez-la dans un récipient, ajoutez 20 grosses crevettes crues décortiquées et remuez pour les enrober. Laissez mariner 30 minutes. Enfilez les crevettes sur des brochettes en bambou préalablement trempées dans de l'eau et vaporisez d'huile. Faites-les cuire au barbecue 2 à 3 minutes de chaque côté et servez avec des quartiers de citron vert.

# yakitori de poulet

Pour **4 personnes**
Préparation **15 minutes**
+ marinade
Cuisson **4 à 6 minutes**

3 c. à s. de **sauce soja japonaise**
1 ½ c. à s. de **saké** ou de **xérès sec**
1 c. à s. de **sucre en poudre**
300 g de **cuisses de poulet** désossées, sans peau, coupées dans la longueur en lanières de 1 cm d'épaisseur
75 g de **mayonnaise**
1 c. à c. de **pâte de wasabi**

**Mélangez** la sauce soja, le saké et le sucre dans une petite casserole et faites chauffer doucement pour dissoudre le sucre. Laissez refroidir complètement. Mettez le poulet dans un plat peu profond, ajoutez la marinade et laissez mariner au moins 1 heure.

**Faites tremper** 8 brochettes en bambou dans de l'eau froide pendant 30 minutes. Mélangez la mayonnaise et le wasabi dans un bol, puis couvrez et réservez jusqu'à utilisation.

**Enfilez** le poulet sur les brochettes et faites cuire au barbecue à température élevée pendant 2 à 3 minutes de chaque côté. Servez avec la mayonnaise au wasabi.

# thon teriyaki

**Mettez** 3 cuillerées à soupe de sauce soja, 3 cuillerées à soupe de saké, 2 cuillerées à soupe de mirin et 1 cuillerée à soupe de sucre en poudre dans une casserole, et faites chauffer doucement en remuant jusqu'à ce que le sucre soit dissous. Laissez refroidir complètement.

**Faites mariner** 4 steaks de thon de 150 g chacun dans cette sauce pendant 15 minutes. Égouttez-les au-dessus de la casserole puis faites mijoter doucement la marinade pendant 2 à 3 minutes pour la faire épaissir.

**Faites cuire** les steaks de thon au barbecue 1 minute de chaque côté, puis arrosez de sauce teriyaki avant de servir.

# poulet tikka et raïta au fenouil

Pour **6 personnes**
Préparation **20 minutes**
+ réfrigération
Cuisson **8 à 10 minutes**

1 **oignon** finement haché
½ à 1 gros **piment rouge** ou **vert** haché
1,5 cm de **gingembre frais** finement haché
2 gousses d'**ail** hachées
150 g de **yaourt nature** sans matières grasses
3 c. à c. de **pâte de curry doux**
4 c. à s. de **coriandre** ciselée
4 **blancs de poulet** coupés en cubes

**Raïta au fenouil**
1 petit bulbe de **fenouil**
200 g de **yaourt nature** sans matières grasses
3 c. à s. de **coriandre** ciselée
**sel** et **poivre**

**Mélangez** l'oignon, le piment, le gingembre et l'ail dans un plat peu profond en porcelaine ou en verre. Ajoutez le yaourt, la pâte de curry et la coriandre, puis mélangez.

**Ajoutez** le poulet, mélangez pour bien l'enrober, couvrez de film alimentaire et mettez au réfrigérateur au moins 2 heures.

**Pendant ce temps**, enlevez le cœur du fenouil et hachez finement le reste, y compris les parties vertes. Mélangez avec le yaourt et la coriandre, salez et poivrez. Versez dans un plat de service, couvrez de film alimentaire et mettez au réfrigérateur.

**Enfilez** les cubes de poulet sur 12 piques à brochette et placez-les sur une grille recouverte de papier d'aluminium. Passez sous le gril pendant 8 à 10 minutes en le retournant une fois. Transférez dans des assiettes et servez le raïta à part.

## chutney au poivron rouge

**Placez** 75 g de poivrons grillés en bocal, 1 poignée de feuilles de menthe, 1 gousse d'ail hachée et ½ cuillerée à café de piment en poudre dans un robot. Mixez jusqu'à l'obtention d'un mélange lisse, puis salez et ajoutez 1 ½ cuillerée à soupe d'amandes effilées grillées. Donnez encore 2 ou 3 coups de mixeur pour broyer les amandes et incorporez 1 cuillerée à soupe de coriandre ciselée. Servez avec le poulet à la place du raïta.

# hot dogs à la sauce barbecue

Pour **4 personnes**
Préparation **10 minutes**
Cuisson **25 à 30 minutes**

2 gros **oignons** coupés en tranches
2 c. à s. d'**huile d'olive vierge extra**
1 c. à s. de **thym** haché
4 grosses **saucisses de porc**
un peu de **beurre**
4 **pains à hot dog** coupés en deux
**sel** et **poivre noir**

**Sauce barbecue**
250 ml de **coulis de tomate**
125 ml de **mélasse**
75 ml de **sirop d'érable**
75 ml de **vinaigre de vin blanc**
2 c. à s. de **sauce Worcestershire**
1 c. à s. de **moutarde de Dijon**
1 c. à c. d'**ail moulu**
¼ de c. à c. de **paprika fumé**
**sel** et **poivre noir**

**Mélangez** les oignons avec l'huile d'olive, le thym, du sel et du poivre, et faites-les cuire sur la plancha d'un barbecue à gaz chaud pendant 15 à 20 minutes jusqu'à ce qu'ils soient tendres et dorés. (Sur un barbecue au charbon de bois, utilisez une poêle-gril chaude à la place.)

**Faites griller** les saucisses sur le barbecue pendant 10 minutes environ.

**Préparez** la sauce barbecue. Mettez tous les ingrédients dans une casserole et faites chauffer doucement jusqu'à ébullition. Laissez mijoter à petit feu 10 à 15 minutes jusqu'à ce que la sauce épaississe légèrement, puis laissez refroidir.

**Beurrez** les pains et garnissez-les chacun de 1 saucisse, d'oignons et de 1 cuillerée à soupe de sauce barbecue.

## hot dogs à la moutarde

**Faites cuire** les saucisses et les oignons comme ci-dessus. Servez-les dans 4 pains à hot dog avec 2 cornichons à l'aneth coupés en dés et un peu de moutarde.

# minicheeseburgers

Pour **16 pièces**
Préparation **15 minutes**
+ réfrigération
Cuisson **11 à 13 minutes**

750 g de **bœuf** haché
1 **oignon** finement haché
1 gousse d'**ail** écrasée
2 c. à c. de **thym** ciselé
**huile d'olive**
125 g de **cheddar** râpé
16 **minipains à hamburger** coupés en deux
4 grosses feuilles de **laitue beurre**
2 **tomates** coupées en rondelles
**sel** et **poivre noir**

**Mettez** le bœuf, l'oignon, l'ail, le thym, du sel et du poivre dans un récipient. Travaillez les ingrédients avec les mains jusqu'à ce qu'ils soient bien mélangés. Formez 16 ministeaks de taille égale et placez-les 30 minutes au réfrigérateur.

**Badigeonnez** les steaks d'un peu d'huile d'olive et faites-les cuire au barbecue à température élevée 2 à 3 minutes de chaque côté. Recouvrez-les ensuite de cheddar et placez-les sous un gril chaud 30 secondes afin de faire fondre le fromage.

**Faites griller** les minipains au barbecue sur le côté coupé pendant 1 minute.

**Garnissez** chaque pain de laitue et de rondelles de tomate, puis ajoutez 1 ministeak recouvert de fromage.

# burgers au stilton

**Coupez** 50 g de stilton en 16 morceaux.

**Formez** 16 ministeaks en suivant la recette ci-dessus, puis enfoncez un morceau de stilton au centre de chacun.

**Faites cuire** comme ci-dessus et servez dans 16 minipains à hamburger grillés, tartinés de mayonnaise et garnis de cresson.

# hamburgers au porc et coleslaw

Pour **8 personnes**
Préparation **45 minutes** + marinade
Cuisson **1 heure** à **1 h 15**

**Mélange d'épices**
1 c. à s. de **sel** + 1 c. à s. de **paprika fumé** + 1 c. à c. de **coriandre moulue** + 2 c. à c. de **poivre noir** concassé + 2 c. à c. de **moutarde en poudre** + 1 c. à c. de **sucre** + ¼ de c. à c. de **poivre de Cayenne**

1 kg d'**épaule de porc** désossée
8 **petits pains ronds** au sésame coupés en deux

**Coleslaw**
250 g de **chou blanc** coupé en lamelles
175 g de **carottes** râpées
½ **oignon blanc** coupé en rondelles
1 c. à c. de **sel**
2 c. à c. de **sucre**
1 c. à s. de **vinaigre de vin blanc**
75 g de **mayonnaise**
**poivre noir**

**Mélangez** toutes les épices. Frottez l'intérieur du porc avec 2 cuillerées à soupe du mélange d'épices et laissez mariner pendant la nuit au réfrigérateur. Remettez le porc à température ambiante 1 heure avant de le cuire.

**Pour le coleslaw**, mettez le chou, les carottes et l'oignon dans une passoire, puis saupoudrez de sel, de sucre et versez le vinaigre. Mélangez bien puis laissez s'égoutter 30 minutes au-dessus d'un récipient. Éliminez le surplus d'eau des légumes et mettez-les dans un grand saladier. Mélangez la mayonnaise avec la préparation au chou et assaisonnez de poivre selon votre goût. Réservez jusqu'à emploi.

**Faites cuire** le porc au barbecue à température moyenne en cuisson indirecte pendant 1 heure à 1 h 15 jusqu'à ce qu'il soit tendre. Enveloppez-le de papier d'aluminium sans serrer et laissez reposer 15 minutes. Coupez-le en fines tranches et répartissez-le dans les pains avec le coleslaw.

## côtelettes de porc et pommes grillées

**Salez et poivrez** 4 côtelettes de porc de 250 g et faites-les cuire au barbecue à température moyenne à élevée pendant 4 à 5 minutes de chaque côté. Enveloppez-les de papier d'aluminium et laissez reposer 3 minutes. Coupez 2 pommes évidées en gros morceaux, vaporisez-les d'huile et faites-les griller 1 minute de chaque côtés jusqu'à ce qu'elles soient dorées. Servez les côtelettes avec les pommes grillées et une salade verte.

# muffins et cupcakes

# muffins au maïs, piment et lardons

Pour **12 muffins**
Préparation **15 minutes**
+ refroidissement
Cuisson **25 minutes**

2 **épis de maïs**
4 fines tranches de **poitrine fumée**, hachées finement
1 petit **oignon** haché
275 g de **fécule de maïs**
1 c. à s. de **levure**
½ c. à c. de **sel**
1 ½ c. à c. de **piment séché**, émietté
1 c. à c. de **graines de cumin** broyées
4 c. à s. de **coriandre fraîche** ciselée
2 **œufs**
65 g de **beurre demi-sel** fondu
225 ml de **lait**

**Garnissez** un moule à muffins de 12 alvéoles de caissettes en papier. Faites bouillir les épis de maïs dans une grande casserole d'eau pendant 5 minutes. Égouttez et laissez refroidir. Avec un couteau, détachez les grains.

**Dans une poêle**, faites revenir la poitrine et l'oignon à feu doux, sans matières grasses, en remuant. Laissez refroidir.

**Mélangez** la fécule de maïs, la levure, le sel, le piment séché, le cumin et la coriandre dans un saladier. Ajoutez la poitrine fumée croustillante, l'oignon et les grains de maïs.

**Fouettez** les œufs, le beurre fondu et le lait, puis versez ce mélange dans le saladier. Avec une grande cuillère en métal, remuez brièvement. Répartissez la pâte dans les caissettes en papier. Faites cuire 15 minutes dans un four préchauffé à 220 °C. Servez chaud ou froid.

# petits pains indiens aux épices

**Écrasez** 12 gousses de cardamome dans un mortier avec un pilon. Jetez les cosses. Ajoutez 1 cuillerée à café de graines de coriandre et 1 cuillerée à café de graines de fenouil dans le mortier. Broyez le tout.

**Préparez** la pâte sans le maïs et en faisant griller les graines avec 1 cuillerée à soupe d'huile végétale, l'oignon et 2 petites branches de céleri hachées finement à la place du bacon. Faites cuire comme ci-dessus.

# cupcakes poivron rouge et pignons

Pour **12 cupcakes**
Préparation **20 minutes**
+ refroidissement
Cuisson **30 minutes**

150 g de **beurre demi-sel** en pommade
2 **poivrons rouges**, épépinés et taillés en petits dés
2 **échalotes** émincées
2 gousses d'**ail** écrasées
75 g de **pignons de pin**
125 g de **farine ordinaire**
2 c. à c. de **levure**
125 g de **poudre d'amandes**
4 **œufs** battus
12 petites feuilles de **laurier** (facultatif)
**poivre**

**Garnissez** un moule à muffins de 12 alvéoles de caissettes en papier. Faites fondre 25 g de beurre dans une poêle, puis faites-y revenir les poivrons, les échalotes et l'ail 5 minutes à feu doux. Quand les légumes sont fondants, retirez-les à l'aide d'une écumoire et réservez. Mettez les pignons dans la poêle et faites revenir 2 à 3 minutes jusqu'à ce qu'ils commencent à dorer. Laissez refroidir.

**Mettez** le reste de beurre dans un saladier avec la farine, la levure, la poudre d'amandes, les œufs et une généreuse quantité de poivre. Remuez soigneusement, puis ajoutez la préparation aux poivrons. Ajoutez les pignons. Répartissez la pâte dans les caissettes en papier et déposez une petite feuille de laurier sur chaque cupcake.

**Faites cuire** 20 minutes dans un four préchauffé à 180 °C. Laissez refroidir sur une grille ou servez chaud.

# cupcakes aux artichauts et aux câpres

**Égouttez** 1 bocal de 275 g d'artichauts marinés puis coupez-les en petits morceaux. Rincez et égouttez 2 cuillerées à soupe de câpres.

**Préparez** la pâte comme ci-dessus en supprimant les poivrons, les échalotes et l'ail, en réduisant la quantité de beurre à 125 g et en ajoutant les artichauts et les câpres à la place du mélange poivrons-pignons. Faites cuire comme ci-dessus.

# cupcakes au fromage de chèvre

Pour **12 cupcakes**
Préparation **25 minutes**
Cuisson **15 minutes**

160 g de **farine ordinaire** + un peu pour le plan de travail
160 g de **Fleur de Maïs Maïzena®**
1 c. à s. de **levure**
½ c. à c. de **sel**
½ c. à c. d'**origan** séché
8 g de **basilic** ciselé
2 **oignons nouveaux** hachés finement
100 g de **tomates** hachées et égouttées
285 ml de **lait fermenté**
1 **jaune d'œuf**
200 g de **fromage de chèvre** coupé en petits morceaux
un peu de **lait**
**poivre**

**Découpez** 12 carrés de 13 cm de côté dans un morceau de papier sulfurisé. Garnissez-en les alvéoles d'un moule à muffins. Mélangez la farine, la Fleur de Maïs Maïzena®, la levure, le sel et l'origan dans un saladier. Ajoutez le basilic, les oignons nouveaux et les tomates.

**Mélangez** le lait fermenté et le jaune d'œuf, puis versez ce mélange dans le saladier. Remuez brièvement, en ajoutant un peu de farine si la pâte est très collante.

**Retournez** le saladier sur un plan de travail fariné et divisez la pâte en 12 portions égales. Façonnez 12 boulettes que vous déposerez dans le moule.

**Enfoncez** le pouce dans chaque boulette pour créer une petite cavité au centre. Glissez-y quelques morceaux de fromage de chèvre. Badigeonnez le dessus des cupcakes avec du lait. Poivrez. Faites cuire 15 minutes dans un four préchauffé à 220 °C. Laissez refroidir les cupcakes sur une grille.

# cupcakes au poireau et au gruyère

**Hachez** grossièrement 1 poireau et faites-le revenir à feu doux dans 25 g de beurre demi-sel. À part, mélangez les ingrédients secs, puis ajoutez le poireau, 75 g de gruyère râpé et ½ cuillerée à café de noix de muscade fraîchement râpée à la place du basilic, des oignons nouveaux et des tomates. Incorporez le lait fermenté et le jaune d'œuf, et façonnez des boulettes, sans le fromage de chèvre. Badigeonnez de lait, poivrez généreusement et faites cuire.

# cupcakes parmesan-pancetta

Pour **9 cupcakes**
Préparation **20 minutes**
+ refroidissement
Cuisson **25 à 30 minutes**

100 g de **pancetta** coupée en tranches fines
5 c. à s. d'**huile d'olive**
150 g de **farine à levure incorporée**
150 g de **Fleur de Maïs Maïzena®**
2 c. à c. de **levure**
50 g de **parmesan** râpé finement
200 ml de **lait**
1 **œuf** battu
2 c. à s. de **moutarde à l'ancienne**

**Garnissez** de caissettes en papier 9 alvéoles d'un moule à muffins de 12 alvéoles. Découpez 9 languettes de 5 cm de pancetta. Hachez finement le reste. Faites chauffer 1 cuillerée à soupe d'huile d'olive dans une petite poêle. Faites-y revenir les languettes de pancetta 5 minutes. Retirez-les à l'aide d'une écumoire et réservez-les. Faites revenir la pancetta hachée dans la même poêle, 3 à 4 minutes. Laissez refroidir.

**Mettez** la farine, la Fleur de Maïs Maïzena® et la levure dans un saladier. Ajoutez le parmesan et la pancetta hachée puis remuez.

**Fouettez** le reste d'huile d'olive, le lait, l'œuf et la moutarde avec une fourchette. Versez ce mélange dans le saladier et remuez brièvement.

**Répartissez** la pâte dans les caissettes en papier. Déposez 1 languette de pancetta croustillante sur chaque cupcake. Faites cuire 15 à 20 minutes dans un four préchauffé à 200 °C. Laissez refroidir les cupcakes sur une grille ou servez-les chauds.

## cupcakes au chorizo et au romarin

**Coupez** un chorizo de 100 g en petits dés. Faites revenir le chorizo à la place de la pancetta, comme ci-dessus. Ajoutez les dés de chorizo dans le saladier avec la farine, la levure et le parmesan. Poursuivez comme ci-dessus, en remplaçant la moutarde par 2 cuillerées à café de romarin ciselé. Répartissez la pâte dans les caissettes en papier, décorez avec un brin de romarin et faites cuire comme ci-dessus.

# cupcakes au saumon fumé

Pour **18 cupcakes**
Préparation **25 minutes**
+ refroidissement
Cuisson **10 minutes**

150 g de **farine de sarrasin**
50 g de **farine à levure incorporée**
½ c. à c. de **levure**
3 c. à s. d'**aneth** ciselé + quelques brins pour décorer
2 c. à s. de **persil** ciselé
1 bonne pincée de **sel**
50 g de **beurre demi-sel** fondu
150 ml de **lait** + 2 c. à s.
2 **œufs** battus
300 g de **fromage frais**
100 g de **saumon fumé**
**poivre**

**Garnissez** de caissettes en papier 18 alvéoles de 2 moules à muffins de 12 alvéoles. Mélangez les deux farines, la levure, l'aneth, le persil et le sel dans un saladier.

**Fouettez** le beurre fondu, 150 ml de lait et les œufs avec une fourchette. Versez ce mélange dans le saladier. Remuez pour obtenir un mélange homogène. Répartissez la pâte dans les caissettes jusqu'à mi-hauteur. Faites cuire 10 minutes dans un four préchauffé à 200 °C. Laissez refroidir les cupcakes sur une grille.

**Fouettez** le fromage frais dans un bol pour l'assouplir, puis incorporez-lui le reste de lait. Étalez la préparation sur les cupcakes, éventuellement avec une poche à douille. Taillez le saumon en languettes que vous disposerez joliment sur les cupcakes pour former des fleurs. Décorez avec des brins d'aneth et poivrez.

## muffins au poivre vert

**Rincez** et égouttez 2 cuillerées à soupe de grains de poivre vert en saumure. Écrasez légèrement. Garnissez de caissettes en papier 8 alvéoles d'un moule à muffins de 12 alvéoles. Préparez la pâte comme ci-dessus, en remplaçant la farine de sarrasin par 150 g de farine de malt, et l'aneth par le poivre vert. Faites cuire comme ci-dessus. Fouettez 150 g de fromage frais avec 1 cuillerée à soupe de câpres rincées, égouttées et hachées, 4 petits cornichons hachés et 1 cuillerée à soupe de persil. Servez avec les muffins.

# muffins au fromage et aux panais

Pour **10 muffins**
Préparation **20 minutes**
+ refroidissement
Cuisson **30 minutes**

250 g de **panais** coupés en dés
environ 225 ml de **lait**
4 c. à s. d'**huile d'olive**
1 **œuf** battu
1 c. à c. de **Tabasco®**
2 c. à c. de **grains de poivre rose** (baies roses) broyés
275 g de **farine ordinaire**
1 c. à s. de **levure**
75 g de **gruyère râpé** finement
**sel**

**Garnissez** de caissettes en papier 10 alvéoles d'un moule à muffins de 12 alvéoles. Faites cuire les panais 10 minutes dans de l'eau bouillante salée. Égouttez, écrasez en purée et laissez refroidir.

**Fouettez** le lait et la purée de panais avec l'huile d'olive, l'œuf, le Tabasco® et 1 cuillerée à café de baies roses. Ajoutez un peu de lait si le mélange est trop sec.

**Mélangez** la farine, la levure, ½ cuillerée à café de sel et le gruyère (sauf 1 cuillerée à soupe) dans un grand saladier. Ajoutez la purée de panais et remuez brièvement avec une grande cuillère en métal.

**Répartissez** la pâte dans les caissettes. Parsemez le reste de gruyère et de baies roses. Salez. Faites cuire 20 minutes dans un four préchauffé à 220 °C. Posez les muffins sur une grille. Servez chaud ou froid.

# muffins au céleri-rave et aux champignons

**Faites cuire** 250 g de céleri-rave en morceaux dans de l'eau bouillante. Égouttez et écrasez en purée fine. Faites revenir 200 g de petits champignons émincés dans 25 g de beurre. Laissez refroidir.

**Préparez** la pâte en remplaçant les panais par la purée de céleri-rave, et les baies roses par 1 cuillerée à café de grains de poivre vert écrasés. Mélangez les champignons aux ingrédients secs. Répartissez la pâte dans les caissettes. Parsemez les muffins de 1 cuillerée à café de grains de poivre vert écrasés, de gruyère râpé et d'un peu de sel. Faites cuire comme ci-dessus.

# cupcakes potiron-oignon rouge

Pour **12 cupcakes**
Préparation **25 minutes**
+ refroidissement
Cuisson **50 minutes à 1 heure**

550 g de **potiron** ou **courge butternut**
1 **oignon rouge** émincé
5 c. à s. d'**huile d'olive**
160 g de **farine à levure incorporée**
210 g de **Fleur de Maïs Maïzena®**
50 g de **fécule de maïs**
15 g de **coriandre fraîche**
½ c. à c. de **sel au céleri**
2 c. à c. de **levure**
3 **œufs** battus
150 ml de **lait**

**Garnissez** un moule à muffins de 12 alvéoles de caissettes en papier. Coupez le potiron en petits dés, en jetant la peau et les pépins (il doit vous rester environ 350 g de chair). Étalez les dés de potiron et l'oignon rouge dans un plat à gratin. Arrosez de 1 cuillerée à soupe d'huile d'olive. Faites rôtir 30 à 40 minutes dans un four préchauffé à 220 °C. Laissez refroidir.

**Mélangez** la farine, la Fleur de Maïs Maïzena®, la fécule de maïs, la coriandre, le sel au céleri et la levure dans un saladier. Dans un bol, fouettez les œufs, le lait et le reste d'huile d'olive avec une fourchette.

**Mélangez** les dés de potiron refroidis et l'oignon avec les ingrédients secs dans le saladier. Ajoutez le mélange œufs-lait-huile. Remuez brièvement. Répartissez la pâte dans les caissettes en papier. Faites cuire 20 minutes au four. Laissez refroidir les cupcakes sur une grille ou servez-les chauds.

# cupcakes au lentilles et aux épices

**Égouttez** 1 boîte de 400 g de lentilles vertes. Pilez 1 cuillerée à café de graines de coriandre, 1 cuillerée à café de graines de fenouil et 1 cuillerée à café de graines de cumin dans un mortier.

**Préparez** la pâte comme ci-dessus, en remplaçant le potiron et l'oignon rôtis par les lentilles. Incorporez 1 cuillerée à café de pâte de curry au mélange œufs-lait-huile d'olive et mélangez les épices pilées aux ingrédients secs. Faites cuire comme ci-dessus.

# minicupcakes gruyère-ciboulette

Pour **20 minicupcakes**
Préparation **10 minutes**
Cuisson **10 à 12 minutes**

- 100 g de **farine à levure incorporée**
- 100 g de **Fleur de Maïs Maïzena®**
- 1 c. à c. de **levure**
- 1 bonne pincée de **sel**
- 50 g de **gruyère** finement râpé
- 4 c. à s. de **ciboulette** ciselée
- 50 g de **beurre demi-sel** fondu
- 7 c. à s. de **lait**
- 1 **œuf** battu

**Garnissez** de caissettes en papier 20 alvéoles de 2 moules à minimuffins de 12 alvéoles. Mettez la farine, la Fleur de Maïs Maïzena®, la levure et le sel dans un saladier. Ajoutez le gruyère et la ciboulette. Remuez jusqu'à l'obtention d'un mélange homogène.

**Fouettez** le beurre fondu, le lait et l'œuf avec une fourchette, puis versez ce mélange dans le saladier. Remuez jusqu'à l'obtention d'une pâte épaisse. Répartissez la pâte dans les caissettes en papier.

**Faites cuire** 10 à 12 minutes dans un four préchauffé à 200 °C jusqu'à ce que les cupcakes soient gonflés et légèrement dorés. Posez les cupcakes sur une grille. Servez chaud ou froid.

# minicupcakes au parmesan et aux olives

**Hachez** 50 g d'olives noires dénoyautées puis mélangez-les aux ingrédients secs ci-dessus.

**Remplacez** le gruyère par 50 g de parmesan finement râpé et supprimez la ciboulette. Poursuivez comme ci-dessus en incorporant 1 cuillerée à soupe de tapenade au mélange beurre-lait-œuf. Faites cuire comme ci-dessus.

# cupcakes aux pommes de terre

Pour **12 cupcakes**
Préparation **20 minutes**
+ refroidissement
Cuisson **25 minutes**

300 g de **pommes de terre** coupées en dés
½ c. à c. de **filaments de safran** effrités
1 c. à s. d'**eau bouillante**
200 ml de **lait**
4 c. à s. d'**huile d'olive**
1 **œuf** battu
275 g de **farine ordinaire**
1 c. à s. de **levure**
2 c. à c. de **thym** ciselé + quelques brins pour décorer
1 c. à c. de **sel de mer** + 1 pincée
du **jaune d'œuf** légèrement fouetté avec 1 c. à c. d'**eau**, pour le glaçage
**beurre** pour servir

**Garnissez** un moule à muffins de 12 alvéoles de caissettes en papier. Faites cuire les pommes de terre dans une casserole d'eau bouillante salée 8 minutes environ. Égouttez-les et laissez-les refroidir.

**Mélangez** le safran et l'eau bouillante dans un bol. Laissez refroidir 5 minutes. Fouettez le safran, l'eau, le lait, l'huile d'olive et l'œuf avec une fourchette.

**Mélangez** la farine, la levure, le thym et le sel dans un saladier. Ajoutez les pommes de terre et la préparation au safran. Mélangez avec une grande cuillère en métal.

**Répartissez** la pâte dans les caissettes en papier. Badigeonnez la surface avec le jaune d'œuf et l'eau. Salez et parsemez de brins de thym. Faites cuire 15 minutes dans un four préchauffé à 220 °C. Posez les cupcakes sur une grille. Servez-les chauds ou froids, coupés en deux et beurrés.

## cupcakes à la carotte et à la coriandre

**Coupez** 275 g de carottes en dés et faites-les cuire dans une casserole d'eau bouillante salée. Égouttez-les. Fouettez le lait, l'huile d'olive et l'œuf, comme ci-dessus. Supprimez le safran et l'eau, et ajoutez 1 cuillerée à café de pâte de curry moyennement forte. Continuez comme ci-dessus, en remplaçant le thym par 2 cuillerées à soupe de coriandre fraîche ciselée et les pommes de terre par les dés de carotte. Répartissez la pâte dans les caissettes en papier, badigeonnez la surface avec le jaune d'œuf et l'eau, puis salez légèrement et faites cuire comme ci-dessus.

# petits pains aux herbes

Pour **750 g de pain**
Préparation **10 minutes**
Cuisson **25 à 30 minutes**

250 g de **farine complète** + un peu pour le plan de travail
250 g de **farine ordinaire**
1 c. à c. de **bicarbonate de soude**
1 c. à c. de **sel**
50 g de **beurre** froid coupé en dés + un peu pour les moules
1 **oignon nouveau** finement haché
1 c. à s. de **persil** haché
1 c. à s. de **thym** haché
1 c. à s. de **romarin** haché
275 ml de **lait fermenté** ou de **lait ordinaire** additionné de 1 c. à s. de **jus de citron**

**Au-dessus d'un saladier**, tamisez les deux farines avec le bicarbonate de soude et le sel. Incorporez le beurre du bout des doigts pour obtenir un sablage. Incorporez l'oignon nouveau et les herbes. Creusez un puits au milieu pour ajouter le lait. Malaxez à l'aide d'une spatule jusqu'à obtention d'une pâte homogène. Pétrissez-la légèrement en boule sur un plan de travail fariné. Répartissez la pâte dans 8 moules à darioles beurrés.

**Posez** les moules sur une plaque de cuisson. Lissez la pâte et saupoudrez-la de farine.

**Faites cuire** les petits pains 25 à 30 minutes dans le four préchauffé à 220 °C. Ils doivent être dorés, bien levés, et sonner creux lorsque vous tapez dessous. Laissez-les refroidir sur une grille à pâtisserie. Si vous préférez une croûte molle, recouvrez-les d'un torchon. Dégustez les petits pains le jour même.

# petits pains aux dattes et aux noix

**Remplacez** l'oignon nouveau et les herbes hachées par 100 g de cassonade, 75 g de noix hachées et 125 g de dattes dénoyautées, hachées.

**Faites cuire** les petits pains comme ci-dessus.

# table des recettes

## cocktails



## cru et mariné



## feuilletés, tartelettes & cie

## toasts & dips

## friture



## minibarbecue

## muffins et cupcakes

découvrez toute la collection
MA PETITE CUISINE MARABOUT

**5 ingrédients seulement**

100 gâteaux et desserts
100 recettes italiennes
100 recettes light
100 recettes végétariennes

**simple essentiel bon**

200 recettes spéciales régime 5:2
200 petits plats chinois
100 recettes tradition
100 gâteaux & desserts de Mamie
100 super mugcakes
100 super cupcakes
100 super macarons
200 recettes comme à New York
200 recettes au wok
200 recettes sans gluten
200 super smoothies
200 super cocktails
200 recettes pour l'apéro
200 recettes au chocolat
200 recettes à moins de 5 euros
200 recettes prêtes en moins de 20 minutes